好妈妈及早
让孩子学到的
人性优点

袁争华 编著

中国纺织出版社有限公司

内 容 提 要

常言道：三岁看大，七岁看老。一个人童年时期的性格、修养和品质的形成，对其一生都有着至关重要的影响，因此，对于成长期的孩子来说，一定要将优秀品质的培养作为首要任务。

本书从儿童心理学的角度出发，立足于解决孩子在成长过程中遇到的种种困惑，帮助他们端正心态，调整自我，修炼品行，提升修养，获得积极阳光的好品格，进而以更好的状态迎接人生未来的挑战。

图书在版编目（CIP）数据

好妈妈及早让孩子学到的人性优点 / 袁争华编著
. -- 北京：中国纺织出版社有限公司，2024.4
ISBN 978-7-5229-1616-3

Ⅰ.①好… Ⅱ.①袁… Ⅲ.①人生哲学—少儿读物 Ⅳ.①B821-49

中国国家版本馆CIP数据核字（2024）第068832号

责任编辑：刘桐妍　　责任校对：高　涵　　责任印制：储志伟

中国纺织出版社有限公司出版发行
地址：北京市朝阳区百子湾东里A407号楼　邮政编码：100124
销售电话：010—67004422　传真：010—87155801
http://www.c-textilep.com
中国纺织出版社天猫旗舰店
官方微博 http://weibo.com/2119887771
鸿博睿特（天津）印刷科技有限公司印刷　各地新华书店经销
2024年4月第1版第1次印刷
开本：710×1000　1/16　印张：11.5
字数：110千字　定价：49.80元

凡购本书，如有缺页、倒页、脱页，由本社图书营销中心调换

前言

在中国，有这样一句古话，"三岁看大，七岁看老"。一个人在童年时期的性格、品质对其一生有着重要的影响。美国一项研究显示，从6~7岁的孩子身上可以预测出他成年后的一些行为，而人的品质性格在童年时期的早期就能形成，可见，成长期的孩子应尽早塑造自身的性格与气质。

性格品质是一个人长久立于世的基石，对于成长中的孩子来说，无论你身处顺境或逆境，好的品质、性格会让你坦然面对生活，并不懈努力；而不良性格则会让你走弯路，受挫折，甚至一辈子碌碌无为。对此，美国遗传学家摩尔根在给儿子的一封信中这样写道："你应该有这样的志向，世界上没有任何东西可以引诱你去做一个人所不应该做的事，坚决不要为了金钱而放弃你的人格与自尊，为他人做种种不正当的工作；不管将来从事何种职业，你都应该尊重你的人格，保持你的操守。"

童年早期的烙印对一个人将来的一生都具有持久深远的意义。等一个孩子长成了青年或成人，再要他改变自己的性格，那将是非常困难的。虽然在关爱他的人的帮助下，他有可能改变自己性格的某些方面，但那需要花费时间，需要他本人和他周围的人很有耐心。

童年早期是人一生中培养真正的人格品质、态度和行为的阶段。在此期间，每个孩子都要培养积极的情感和态度，建立良好的人际关系，学会分辨好坏，培育良知，懂得善良与公正。

因此，每个孩子都要从现在开始修炼，你不仅需要锻炼你的双手，去迎接未来生活的风风雨雨，还要锻炼你的肩膀，让它更有力量，承担未来寄予自己的重担；你不仅需要锻炼自己的勇气，敢想敢做，更要锻炼自己的智慧……

只要你愿意，只要你能坚持下来，那么，你就能修炼好的性格品质。当然，任何一个成长期的孩子，因为阅历的原因，个人的力量毕竟是有限的，要想尽快蜕变，你还要学会走捷径，这就是本书的任务所在。这本书中，有很多关于成长的故事，也有一些成功人士的经典总结，并且它还结合实际，对如何修炼自己的性格品质做了详细的阐述，应该对你有所帮助。

编著者

2023年12月

目录

第 01 章 自信大胆：好孩子成长路上要有自信相伴

每个孩子都要把自信当成成长的动力 · 003

昂首挺胸，展现你的自信 · 006

肯定自己，成长才会是快乐的 · 008

你要大胆去走你想走的人生路 · 011

第 02 章 勇往直前：勇敢的孩子无所畏惧

坚韧的品质，能助你突破逆境 · 015

要勇于探索，敢于做一个冒险家 · 018

勇往直前，你才能走遍四方 · 021

每个怯懦的孩子，都要培养勇敢的品质 · 024

困难不过是纸老虎，你强它就弱 · 026

所有的奇迹，都来自勇气 · 029

第 03 章 自控自省：稳扎稳打开辟美好的前程

自制是克制冲动的良药 · 033

养成自省的习惯，让你实现优秀的蜕变 · 036

坚定不移，稳扎稳打走好人生的每一步 · 039

掌控了欲望，你也就掌控了自己的人生 · 041

克己慎独，是自律的最高境界 · 044

身处逆境，也不忘培养优秀的习惯 · 047

第04章 思维驰骋：
聪明的孩子要敢于打破常规开拓创新

绝不盲从，聪明的孩子要敢于质疑权威 · 053

换个思路，难题将会迎刃而解 · 056

人生能走多远，取决于你的思想有多远 · 058

学习运用创新思维能让你事半功倍 · 061

拥有创造力，你能不断获得进步 · 064

每个孩子都要训练一定的应变能力 · 067

第05章 勤能补拙：
努力坚持走好自己的人生路

勤能补拙，成才要靠自己的勤奋 · 073

付出超越常人的努力，你也能够成才 · 075

不劳而获，不过是白日做梦 · 076

学会合理安排时间，才能提升效率 · 079

好孩子能抵挡不良诱惑 · 081

积累学识，成为有实力的人 · 084

第 06 章 从不自满：谦逊低调让你不断进步

心浮气躁是成长期孩子的通病 · 089

保持低姿态，才能收获更多 · 092

谦虚低调，戒骄戒躁 · 094

傲慢，并不会让你高人一等 · 097

常怀空杯心态，人生才能不断进步 · 099

尊重他人，不要以貌取人 · 102

第 07 章 勇于担当：能承担责任说明你长大了

即便你是孩子，也要为自己的行为负责 · 107

敢于承担责任的人，能获得他人的敬重 · 109

好孩子从不为自己的行为找借口 · 111

责任的真谛，是乐于奉献 · 114

有担当，你才能扛起未来的责任 · 117

敢于承担，说明你内心成熟了 · 119

第 08 章 自立自强：总是依赖他人的孩子长不大

你要战胜自我，主宰人生 · 125

自立自强，好孩子绝不依赖他人 · 128

真正的强大，是先做到自强 · 131

靠自己的努力，打造精彩的人生 · 134

第 09 章 积极乐观：
有好心态才有美好人生

学会放下，把握当下 · 139

保持微笑，是一种让自己快乐的方法 · 142

只与自己比较，能让你免除烦恼 · 145

幽默，让他人和自己都享受快乐 · 148

积极乐观，成长路上就会洒满阳光 · 151

控制欲望，学会享受简单的快乐 · 154

第 10 章 诚实守信：
诚实是立世之根基

不诚信，无足以立于世 · 159

诚信价值无限，能为人赢得好运 · 162

诚实的孩子才是真正的好孩子 · 165

诚信待人，才能获得他人的支持 · 167

真诚是结交朋友的基础 · 169

好孩子一定要信守承诺 · 172

参考文献 · 175

第 01 章

自信大胆：
好孩子成长路上要有自信相伴

　　心理学家经过研究证实，孩子的性格在青春期结束之前就已经基本成型。正因如此，人们才会说江山易改，本性难移。对于孩子而言，在儿童时期形成的性格将会伴随孩子的一生。由此可见，父母一定要重视对孩子性格的培养，让孩子变得坚强自信，这样孩子才能快乐成长，才能在人生道路上创造属于自己的成就。

每个孩子都要把自信当成成长的动力

自卑是一种心理特征，具有自卑心理的孩子往往性格内向，不愿意与外人更多地交往，这是他们在性格方面的不足。与此同时，他们也缺乏坚韧不拔的毅力，在遇到小小的困难时，就会因为对自己信心不足而动摇，甚至直接放弃。自卑的孩子还总是委曲求全，忍辱负重，即使遭到别人的误解或者是被别人无端地刁难责备，也不会为自己辩解，始终习惯于默默地忍受，甚至毫无限度地妥协。总之，所有的自卑者都有一个特点，那就是他们习惯于轻视自己，觉得自己不管做什么都不可能成功，任何方面都比不上别人。当内心被这种情绪侵占时，他们还会对一切都表现出兴致索然的样子，并且因此而陷入无休无止的焦虑和烦恼之中，导致自己根本无法感受到生活的幸福和乐趣。

当孩子陷入自卑之中时，他们在学习方面也会陷入困境，因为他们总是觉得自己的学习能力不够强，缺少学习的天赋，因此他们在与同学的竞争之中往往居于劣势。众所周知，人的本性是趋利避害的。为了躲避失败或者挫折，他们甚至会彻底放弃努力，自暴自弃。因此，这样的孩子很难取得进步。心态决定命运，如果孩子在遇到小小的困难时马上就自我放弃，甚至忍不住怨天尤人，那么他们最终会在生活的磨难下变得信心全无。尤其是在现代社会，不管是成人还是孩子，其实都面临着激烈的生存竞争和巨大的生存压力。在这种情况下，孩子虽然无须赢在起跑线上，但是拥有自信，让自己顺利成长还是很有必要的。

每个人或多或少都有自卑心理。金无足赤，人无完人，在这个世界上没有人是绝对完美的。一个人陷入过度追求完美的心态中，就容易否定自己，产生自卑情绪。每个人感到自卑的原因不一样，有的人是因为别人对自己的评价不够好；有的人是因为确立了太高的目标，导致总是实现不了既定的目标；还有的人是因为对他人的成功太过敏感，并没有因为把他人当作榜样而充满力量，而是因为他人的遥遥领先而更加丧失信心；还有些孩子的自卑来自父母，一则是因为父母对他们的评价不够中肯，二则是因为家庭环境的影响。众所周知，孩子从一出生就依靠父母生存。如果父母之间关系不和，或者是家庭气氛很糟糕，那么孩子就有可能为此而感到自卑。有些父亲非常喜欢喝酒，甚至酗酒，长此以往也会导致孩子精神紧张，非常自卑。在这种情况下，孩子必须端正态度，意识到家庭环境并不是自己所能决定的，家是家，自己是自己，只要孩子自己积极努力，奋发向上，依然能得到他人的认可和尊重。

自卑的孩子往往非常敏感而又多疑，他们一旦看到别人正在窃窃私语或者突然笑起来，就会马上联系到自己身上，觉得他人一定是在议论自己。实际上，这是误解。从这个角度而言，自卑的孩子往往会遇到一些社交问题。既然这样，孩子就要有意识地减弱自卑心理，从而让自己变得更加自信。

童年生活对于孩子的一生都会有至关重要的影响，因而父母对孩子的成长一定要给予足够的关心，用爱与自由为孩子营造健康的成长环境。人生固然是漫长的，但是有的时候又如同白驹过隙般短暂。既然孩子的一生都会受童年时期的几个关键阶段的影响，父母要为孩子的童年生活负责。很多心理学家发现，一些心理严重扭曲的人，实际上他们心病的根源就在于童年时期的生活。所以父母不要轻易给孩子贴上标签，更不要总是批评和否定孩子，而要毫不吝啬地给孩子肯定和赞美，这样孩子才能够在生活中拥有自信心，才能在学习上更加充满激情和动力。

  明智的父母一旦发现孩子有自卑的倾向，就应该有意识地帮助他改变自卑的心态。例如，在看待问题的时候，不要总是盯着负面看，而要看到问题积极的一面，这样才能够客观全面地分析事物，也通过事情的表象深刻认识到事情的本质，从而为自己的成长作出有利的选择和决定。一个人长期沉浸在自卑的情绪中，就会一直萎靡不振，也会悲观厌世。对于孩子而言，人生才刚刚起步，不管遭遇多少坎坷和挫折，都只是人生的小小磨难，我们既要学会发现别人的优点，也要学会看到自己的优点，这样才能够更加客观中肯地评价自己，才能够远离自卑情绪，让人生变得更加积极和充实。

昂首挺胸，展现你的自信

小鹏是一个很自卑的孩子，不管走到哪里，他总是佝偻着背，不知道自己如何才能昂首挺胸地站立。为此，妈妈不止一次提醒小鹏站立的时候要站如松，小鹏却总是蔫头耷脑，恨不得所有人都看不见他。与此同时，妈妈也发现了小鹏在心理方面的弱点，那就是小鹏特别自卑，就算是和班级同学一起参加演出的时候，他也总是缩在舞台后面的角落里。思来想去，妈妈决定给小鹏讲一讲撒切尔夫人的故事。

撒切尔夫人之所以能够成为英国的第一位女首相，是因为她从小就有竞争意识，希望自己能够出类拔萃。撒切尔夫人为何会有这样的想法呢？是因为爸爸在撒切尔夫人小时候就告诉她："不管任何时候都要坐前排。哪怕是坐在公交车上，只要前排没有人坐，你就要坐在前排。"一开始，撒切尔夫人不明白爸爸的意思，后来才知道，坐在前排意味着不甘于认输和勇于表现的精神。为此，她一直牢记爸爸的教诲，不管做什么事情都要做到出类拔萃。在整个上学期间，撒切尔夫人的成绩在班级里始终名列前茅，但她不单纯地沉浸于书本，而是积极地参加社区和学校里的活动，这样一来，她成为学校里尽人皆知的明星人物，而且具有很强的影响力和号召力。正是因为这种努力拼搏、绝不畏缩的精神，撒切尔夫人最终赢得了英国首相的职务。

自信不是伪装出来的，但是很多时候，昂扬挺拔的姿态的确能够展现一个人的自信。在这个事例中，始终坐在前排就是撒切尔夫人的姿态，她不管做什么事情，也不管在什么时间和场合，总是坐在第一排。这体现了她对自己充满了自信，也意味着她有足够的勇气面对和迎接即将发生的一切。正是在这样的积极态度下，撒切尔夫人才能勇往直前，才能够在自己的政治生涯中做出精彩辉煌的成就。作为普通人，我们当然不会有撒切尔夫人那么多的机会，甚至也很难在世界舞台上展示自己，即便如此，我们也依然要昂首挺胸，这样才能够在人生中创造更多的辉煌和奇迹。

自信是每个人通往成功的必经之路。一个人如果没有自信作为基础，哪怕他能力再强，也很难如愿以偿地获得成功。自信还是让事业扬帆起航的动力，唯有拥有自信的人，才能在事业上有所成就，才能拥有与众不同的人生。人只有真正相信自己的能力，只有在事业上努力拼搏，绝不畏缩，才能最终成为成功者。就像拿破仑所说："一个人如果承认自己是无能的，那么他就注定只能与失败为伍。"所以孩子们，不管在什么时候，都请昂首挺胸，昂然面对人生中一切的坎坷和磨难。我们必须记住，只有树立自信，才能真正地战胜自卑，才能在人生的路上勇往直前，无所畏惧。

肯定自己，成长才会是快乐的

自卑是人生前进的绊脚石，一个人只有自信，才能够在人生的道路上勇往直前，即使遇到小小的坎坷和挫折，也能够最大限度打开心扉，激发自己的能量，依然真诚勇敢地拥抱这个世界。对于孩子而言，如果在成长的过程中缺乏自信，那么他们很容易因为各种各样的原因被禁锢住，最终止步不前。每一个孩子在面对人生的时候，都应该扬起自信的风帆，这样才能让人生到达成功的彼岸。

在这个世界上，人最大的敌人就是自己。而人的思想高度决定了自身的发展，所以人们才会说思想有多远，人生就能走多远；心有多么开阔，人生就会有多么高远。科学家曾经进行过一个实验：把跳蚤放在玻璃瓶中，一开始，跳蚤能够跳得非常高，轻而易举就跳出了玻璃瓶。但是后来科学家在瓶口上加了一块玻璃盖板，跳蚤每次跳起来都会撞击到玻璃盖板上。在接连撞了几次玻璃盖板之后，跳蚤降低了跳跃的高度。从此之后，它们就只能跳到玻璃瓶口的位置，即使科学家拿掉玻璃盖板，跳蚤也无法顺利地跳出玻璃瓶。这就是自我限制的可怕性。曾经有心理学家来到一所学校进行实验，他们对这20名学生进行了简单的测试，实际上，这个测试是没有任何意义的。然后，心理学家随机抽取了20名学生，并对全校师生公布，这20名学生是他们精挑细选出来的，是独具天赋的，人生也一定会有所成就。在此之后，全校师生都非常关注这20名学生，这20名学生也变得非常自信。在跟踪调查过程中，心理学家发现这20名学生的学习成绩和各个方面的表现都有了很大的提升，尤其是他们对于自我的认知和评价变得更高。在这种情况下，这20名学生长大成人之后均成为对社会有贡献的人。不得不说，这就是积极暗示的强大力量，也是自信给人生带来的奇迹般的改变。

在成长的道路上，每一个孩子都要积极地鼓励自己，认可自己。常言道：金无足赤，人无完人。没有任何孩子生而就是非常优秀的，每个人都是被上帝咬过一口的苹果，因此不要妄自菲薄，自轻自贱。所谓瑕不掩瑜，即使孩子有缺点和不足，也不能掩盖孩子的优点和长处。唯有客观公正地认识自己，孩子们才能扬起信心的风帆。在成长的道路上，每个人都会遇到各种各样的难题。如果总是怀着自卑的心，那么小小的困难就能把孩子击倒。只有真正树立起自信心，孩子才能在一切的坎坷和挫折面前勇往直前，不断进步。

孩子的自卑表现在很多方面。在日常生活中，每一个孩子都应该有意识地反思自己的行为，找出自卑的苗头，一旦发现自己有自卑的倾向，就要积极努力地改变自己，这样才能够防止自卑给生活和学习带来负面的影响。例如，有些孩子性格内向，在遇到陌生人的时候害羞得连话都说不出来；还有些孩子不喜欢结交朋友，在人际交往方面自卑。此外，还有很多孩子之所以自卑，是因为对于自身的能力评价过低。他们一味地想要得到父母的表扬和老师的认可，自觉能力有限，也缺乏信心。非常自卑的时候，他们还会陷入很多困境和误区，例如，有些孩子会陷入对他人的嫉妒和羡慕之中，当这种嫉妒超过一定的限度，就会导致孩子情绪低落。有些孩子因为极度自卑，不但不愿努力，反而自暴自弃。除此之外，自卑在孩子身上的表现还有很多，例如，孩子过于自闭或者说起话来结结巴巴，或者一遇到小小的挫折就放弃。综上所述，自卑对孩子的成长是没有任何好处的，父母一定要引导孩子发现自己的优点和长处，而不要总是盯着自己的缺点和短处。这样一来，孩子才能客观公正地评价自己，也能创造属于自己的美好未来。

你要大胆去走你想走的人生路

在一片广袤的原野上，生长着一棵高大的橡树。橡树茂密的枝叶伸展开来，宛如一把巨大的伞。橡树总是骄傲地挺立着，俯瞰着周围的一切。

橡树的脚下，生长着一棵小小的蒲公英。蒲公英的种子随风飘荡，偶然落在了橡树脚下。尽管环境并不理想，但蒲公英仍然努力生长，展现出顽强的生命力。

一天，橡树对蒲公英说："你看，我如此高大威猛，是这片土地上最伟大的生命。而你，如此渺小，随时都会被风吹走。你和我完全无法相比。"

蒲公英轻轻笑了笑，回答道："虽然我渺小，但我并不自卑。我拥有自己的梦想和追求，我会努力生长，绽放出属于我自己的美丽。"

听了蒲公英的话，橡树不以为然。它认为蒲公英只是在自欺欺人，它永远都无法与自己相提并论。

然而，随着时间的推移，蒲公英不断地努力生长。它的枝叶逐渐变得茂盛，开出了金黄色的花朵。一阵风吹过，蒲公英的种子随风飘荡，开始新的生命旅程。

橡树看着蒲公英的成长，心中不禁感到一丝羡慕。它开始反思自己的自大和傲慢，明白了每个人都有自己独特的价值和美丽。

我们不必羡慕他人，也不应轻视自己。每个人都有自己的梦想和追求，只要我们勇敢地追求自己的目标，就一定能够绽放出属于自己的美丽。

人人都想拥有璀璨辉煌的人生，可是如果只把自己装在套子里，不能勇敢地面对人生，不能无畏地迈出人生中通往成功的第一步，那么所有的金点子都会变成毫无意义的空想，也根本不可能给人生带来更多的收获和美好的未来。高然正是以热情和激情点燃了人生，所以才能在人生的道路上不断前进，也以真正的实力为自己代言，成功地攀登上人生的巅峰。

人生的路需要勇敢和坚定不移，因为人生并非都是平顺的道路，总有可能遭遇各种坎坷挫折。到底是因为畏惧困难而退缩，还是迎难而上，这看起来是一次选择，实际上体现了一个人的人生态度，也会对人生起到至关重要的影响。孩子一定要从小培养自己勇敢向前的勇气，才能在人生的道路上勇往直前，才能在未来收获更多，拥有更丰富的人生。

面对人生，一个始终退缩不前的人和一个始终勇敢主动的人相比，得到的结果也必然不同。每个人在人生的道路上都要勇敢地尝试和实践，才能走出属于自己的道路。因为胆怯而总是止步不前，总是为自己找各种各样的借口逃避责任，这样的生活也许可以平安无忧，但是一定难以有令人瞩目的成就和突出的成果。有人说心态决定人生，这句话很有道理。作为孩子，我们一定要拥有积极的心态，并以昂扬向上的态度面对人生，才能在人生中有所收获，走得更好更长远。

第 **02** 章

勇往直前：
勇敢的孩子无所畏惧

没有人的人生是一帆风顺的，在人生的道路上，每个人都会遇到各种各样的困难和挫折，每个人都会经历形形色色的坎坷和磨难。要想沿着人生的道路勇往直前，要想取得成功，把失败远远地抛在身后，每个人都要鼓起勇气面对人生，这样才能够在人生的道路上更加坚定不移，努力向前。

坚韧的品质，能助你突破逆境

作为举世闻名的推销大师，他在销售生涯中做出了与众不同的成就，也用自己的销售业绩赢得了"销售之神"的称号。转眼间，他已经到了退休的年纪，为了给销售生涯画上一个圆满的句号，他特意选择在体育馆进行职业生涯的告别演讲。为了从他这里得到推销的秘诀，很多人都闻讯赶来，只想亲耳听到他的演讲。听众们满怀热情地早早到达体育馆里等着，随着幕布的缓缓拉开，出现在演讲台上的并不是大家期盼的推销大师，而是一个沉重而又巨大的铁球。这只大铁球被一个非常坚固的架子支撑着，看起来非常稳固。悬空的铁球分量感十足，让人随时都在担心它会掉下来。正当人们对此感到莫名其妙的时候，他终于出现在了台上。台下的听众全都热烈地鼓起掌来，热烈的掌声之后，会场恢复了安静，人人都想从他的演讲中得到销售的秘诀。

然而他什么都没有说，只是从随身的口袋里拿出一把精巧的铁锤。然后，他问在场的人："你们之中有谁能够用这个铁锤击打铁球，让铁球震荡起来呢？"听到这样匪夷所思的请求，台下的听众全都议论纷纷，因为他们都亲眼看到铁球有多么沉重，根本不相信这个大铁球居然会在这么精巧的小铁锤的击打之下震动起来。为此，有几个年轻人跃跃欲试，他们想要证明铁锤能使铁球动起来。走上演讲台之后，他们使出吃奶的力气，用铁锤敲击铁球，但是，尽管铁球悬空，却稳如泰山，根本没有丝毫晃动。台下的观众们终于忍不住喊道："铁球那么大，铁锤那么小，怎么可能用铁锤敲动铁球呢？这是根本不可能发生的事情。"销售大师保持着微笑，大声地说："我可以用这个铁锤敲动这个铁球。"说完，销售大师就拿起精致的铁锤，去敲击沉重的铁球。

台下的听众们按捺不住，开始议论纷纷，有的人甚至后悔自己不应该那么远赶过来听这场演讲，还说这是浪费时间。大师听见听众们的声音，丝毫不为所动，继续不急不缓地敲击着铁球。正当有人站起来准备离开的时候，坐在前排的一位女士突然间惊讶地大声呼喊："球动了，球动了！"准备离开的听众马上停下脚步，站在那里看着舞台上的铁球。他们惊讶地发现，舞台上的铁球真的缓缓动起来了。这时候，演讲大师把小铁锤收到自己的口袋里，微笑地看着摆动的铁球。气定神闲地对听众们说："我想告诉大家的是，每个人只有拥有执着坚忍的精神，才能等到成功的到来。"就这样，销售大师用这一句话结束了演讲，但是在场的每一个人都得到了深刻的感悟和启发。

成功从来就不是一蹴而就的，更不可能从天而降。每个人想获得成功，都要付出长久的坚持和持续的努力。成功需要具备的因素很多，必须在各方面都达到一定的要求，才能真正获得成功。在这个故事中，销售大师坚持用精巧的铁锤敲击沉重的铁球，完成了所有人都认为不可能完成的任务。其实这就像获得成功的过程，即使所有人都觉得你不可能成功，但只要你坚定不移地相信自己一定能够成功，并且努力去做，不因为任何人的看法而改变自己，那么你的坚持最终一定会有所收获。还有人说简单的事情重复做，每一次都做到极致，这就是成功。的确如此，很多成功不是像人们所想的那样轰轰烈烈而来，而是在每一步看似不经意的向前中，最终来到人们的身边。所以，孩子们一定要拥有坚强的意志力，绝不轻言放弃，这样才能够最终获得成功，才能够真正实现人生的伟大梦想。

要勇于探索，敢于做一个冒险家

1859年，美国的一家石油公司因为经营状况不好，即将破产倒闭。很多业内人士闻讯赶来，想要收购这家公司。这家公司的股权底价是500美元，当时洛克菲勒和他的合伙人也来到了这家公司，想要趁机扩张经营的规模，让公司更加壮大起来。拍卖现场，竞价的激烈程度超出他们的预估。由于参与竞拍的人很多，很快拍卖价格就从500美元上升到了5万美元，这可是足足翻了一百倍之多，这个价格甚至已经比石油公司本身的价值高出很多。在这种情况下，如果继续出高价，就算赢得竞争，在后期的经营中也会承受巨大的经济压力，冒很大的风险。为此，很多人见势不妙，就撤出了拍卖。

此时此刻，洛克菲勒也感到心中忐忑，他想要放弃，却又不能下定决心。思来想去，他最终下定决心一定要赢得拍卖，而且告诉自己必须勇往直前不能退缩。在巨大勇气的支撑下，洛克菲勒最终以7.25万美元的价格，赢得了这家石油公司。很多人听到洛克菲勒的这一行为，都觉得洛克菲勒一定是疯了，才会花这么多钱购买一家濒临破产的公司。然而，洛克菲勒正是因为收购了这家公司，后来才能够成为石油行业的龙头老大，也让自己的事业攀升到巅峰。对此，洛克菲勒说："拍卖就像赌博一样，也许需要你押上全部的身家，但是可能你会赢得整个人生。"

人生是一个不断冒险的过程，没有人生而拥有家财万贯，也没有人生而就不需要付出任何努力。在不断冒险和前进的过程中，我们付出了很多，也赢得了很多，也许有失败，但是失败同样能够带来人生的经验。从本质上而言，人生只有拥有破釜沉舟的勇气，才能赢得更多。一个人如果没有勇气拿自己的全部去作为赌注，即使他赢了，也只能赢得一张空头支票，不可能获得实质性的成功。对于每个人而言，生命都是神奇的。要想在生命中有所成就，就一定要敢于冒险。实际上，人生的风险无处不在，有人觉得坐飞机是非常危险的事情，因为脚不沾地悬浮于天空之中。而实际上，不管是坐火车还是汽车，同样具有一定的危险性，如果因为一些虚无缥缈的危险就故步自封，再也不敢去尝试，那么又如何能够突破自我，激发自己所有的潜能呢？

对于每个孩子而言，学会自我保护，稳妥做事情固然是正确的，但是在人生的很多情况下，冒险也是必不可少的。也许冒险不能为我们赢得梦寐以求的结果，但是不管在什么事情之中，不管在什么时刻之下，人们都会选择用冒险来突破自我，从而打破现在所处的困境，让人生有更好的发展。不得不说，在人生之中，有机遇的地方就存在着一定的风险，正如很多精通经商之道的人常说的，高收益必然伴随着高风险，所以在危机面前，我们一定要权衡利弊，要知道付出和收获之间的关系。记住，这个世界上没有稳赚不赔的买卖，尽管冒险了未必能够获得成功，但是如果不冒险也许就会彻底与成功失之交臂，所以我们既要稳妥地把握人生，也要拥有冒险的勇气，这样才能更加接近成功。退一步而言，冒险也许不会让你失去所有，却也有可能让你赢得整个世界。从这种意义上而言，人生的价值也正体现在冒险上，也只有敢于冒险的人才能够在成功的道路上越走越远。

细心的孩子会发现，古往今来，很多伟人之所以有所成就，就是因为他们拥有敢于冒险的精神。在冒险的过程中，他们不断地突破自我，创造出伟大的成就，所以才能够获得人生的一次次惊喜，才能够在奔向成功的过程中实现自身的价值。由此可见，一个人要想卓尔不凡，要想拥有独特的成就，只有消除自己身上的胆小怯懦，才能够踏上冒险的征程。孩子们要有意识地调整自己的心态，认识到人生的本质是冒险，这样才能够在机会到来的时候，坚定不移地抓住机会，哪怕承担一定的风险，也能够收获更加充实美好的人生。

勇往直前，你才能走遍四方

很多人都喜欢看好莱坞的影片，那么对硬汉史泰龙一定印象深刻。史泰龙之所以能够成为好莱坞巨星，并不是因为有独特的天赋，也不是因为有强势的家庭背景。

史泰龙出生在一个糟糕的家庭中，他的父亲是个酒鬼，每次喝醉酒就会打骂他的母亲，而他的母亲因为长期受到父亲的虐待，也染上了嗜酒的恶习。母亲在喝酒之后，就会把情绪发泄给史泰龙。在这样恶劣的家庭环境之中长大的史泰龙从没有自暴自弃，而是立下伟大的志向，依靠自己的力量彻底摆脱这样的生活。

高中毕业之后，因为家境贫困，史泰龙没有选择继续读书，而是离开学校，在社会上混生活。渐渐地，他意识到这样混生活，并不足以支撑起整个人生。在经过认真慎重的思考之后，他决定努力成为一个有意义和有价值的人。但是家庭情况的限制、父母的拖累和自身的条件，让史泰龙觉得前途渺茫。他既没有很高的文凭可以让他进入一家优秀的企业工作，也没有可靠的家庭背景可以帮助他走上从政的道路。思来想去，史泰龙觉得自己唯一可走的道路就是从事演艺事业，因此他下定决心要成为一名演员。史泰龙开始向着好莱坞进军，然而，当他进入演艺圈之后，才发现事情远远不像他所想的那么简单。他付出了很多的努力，也进行了各种尝试，都无法打动任何导演来给他一个角色。后来，史泰龙意识到自己要想改变命运，就只能再想其他的办法。他想到如果自己写的剧本能够被采用，那么就可以要求做主演。正是抱着这样的想法，史泰龙开始写剧本。剧本完成之后，他带着剧本拜访了好莱坞的几百位导演。在把每一位导演都拜访了一遍之后，他并没有得到想要的结果，为此他又开始第二轮拜访。

最终，当他进行到第三轮拜访的时候，有一位导演同意让他试演一集。出乎所有人的预料，史泰龙的表演征服了很多观众，收视率节节攀升。从此之后，史泰龙的人生有了翻天覆地的改变，他因为这部剧一鸣惊人，成了大名鼎鼎的影星。

任何成功，都不可能是一蹴而就的。对于没有天赋，也没有家庭背景的史泰龙而言，从小就在父母长期酗酒和恶劣的家庭氛围中成长，但是他始终坚强，也心怀梦想，这本身就是非常难得的。面对导演一次又一次的拒绝，假如史泰龙当初没有鼓起勇气，继续坚持下去，而是轻易放弃，那么他就会因此而彻底沉沦，可想而知，等待着他的必将是完全失败的人生。

对于有决心、有毅力的强者而言，人生只有暂时的失败。一个人要想从暂时失败的困境中挣脱出来，就一定要努力地迈过泥泞，勇往直前。尤其是在对抗挫折的时候，更要激发出自身的力量，才能创造奇迹。正如大名鼎鼎的作家巴尔扎克曾经说过的那样："每个人都应该以苦难作为人生的老师，只有接受苦难才是勇敢者的所为。"巴尔扎克告诉人们，对于每一段人生而言，苦难都是必修课，也是命运赐予每个人最珍贵的礼物。一个人要想拥有顽强的意志力，就要经受苦难的折磨。一个人要想变得勇敢无畏，就要在苦难中蜕变。每个人都要对苦难怀有感恩之心，这样才能够从容地接受苦难，才能坦然地面对苦难，更能够把苦难作为阶梯，在人生的道路上，不断地奋勇向前。

很多孩子不敢面对人生的坎坷和挫折，遇到小小的阻碍，就会马上缴械投降。殊不知，当你缴械投降的时候，你连原本有可能获得的成功也都失去了，因为你已经彻底成为人生困境的俘虏，与成功渐行渐远。细心的孩子们会发现，古往今来每一位成功者并非受到命运的青睐才获得了成功，而是因为他们在面对命运的荆棘时，始终都能够无畏艰险，勇敢前行。

每个怯懦的孩子，都要培养勇敢的品质

乔伟还小的时候，他的爸爸就因为一场意外的车祸去世，留下乔伟和妈妈相依为命。他们生活得很艰难，但是妈妈很爱乔伟，从来没有让乔伟受到过任何委屈。妈妈总是竭尽所能给乔伟更好的生活，其他孩子有的玩具，乔伟也都有。爸爸的突然去世，让妈妈陷入了巨大的债务困境之中，为了偿还爸爸生前留下的债务，妈妈只好忍痛卖掉房子，带着乔伟去一个偏僻的乡村生活。尽管乔伟只有5岁，但是他心里充满了忧愁。每当看到别人的爸爸把孩子拥抱在怀中疼爱，乔伟总是问妈妈："爸爸去哪里了？"在这样的状态下，乔伟越来越自卑，他不想再走出家门，整日把自己封闭起来。妈妈觉察到乔伟的异样，总是给予乔伟最大的鼓励。乔伟很懂事，为了让妈妈放心，他强迫自己走出家门。然而在其他孩子的嘲笑和讽刺中，乔伟最终还是退缩了，哭着跑回家。

看着乔伟的模样，妈妈第一次对他大发雷霆："你就是个胆小鬼，我可不想要一个胆小鬼当儿子。"说完这句话，妈妈就怒气冲冲地走回房间，把门关上。妈妈的话一直回响在乔伟耳边，尽管他心中依然有很深刻的恐惧，为了不让妈妈伤心，他还是勇敢地走了出去，郑重其事地把自己介绍给那些嘲笑他的小朋友，并且主动伸出手要与他们成为真正的好朋友。就这样，乔伟把自己推销出去了，从一个被其他小朋友排挤的人变成了受欢迎的人。乔

伟的脸上总是挂着友善而又坚定的笑容，他的性格变得更加坚强勇敢。从此之后，哪怕在生命中遇到很大的困境，他也没有因为恐惧而退缩过。后来，乔伟在人生中取得了伟大的成就。

恐惧，很多时候来自陌生和未知的事物，即使性格勇敢的孩子，在面对未知的事物时，也常常会感到害怕。如果孩子从小生活在小地方，没有见过大的世面，也缺乏人生的经验，他们就更容易形成胆怯的性格。在恐惧的影响下，很多孩子甚至会选择放弃努力。他们不知道的是，他们虽然避免了失败，却同时也放弃了成功。一个人把自己封闭起来，与外界彻底隔离，还怎么可能获得成功呢？实际上，尽管成功不是一蹴而就的，也不是绝不可能获得的，每个人都要勇敢地战胜对失败的恐惧，砥砺前行，才能够在人生中改变怯懦的状态。

对于孩子这样的状态，父母其实有着不可推卸的责任。明智的父母不会给孩子太多的关照，而是在陪伴孩子成长的过程中，为孩子提供更多的机会，让他们能够独立自主地去做出选择和决定。在这样的过程中，他们才能渐渐地消除怯懦，从而让自己变得更加勇敢和坚定。相信没有任何父母愿意让自己的孩子碌碌无为，平庸无能。如何才能让孩子最大限度地创造人生的价值，取得伟大的成就呢？从现在开始，父母也要变得勇敢一点，对孩子勇敢地放手，孩子才能战胜内心的胆怯，让自己成为真正的强者。记住，每一个成功者都是在经历无数次失败的打击之后，才能够获得成功的。例如，发明大王爱迪生发明电灯时，进行了七千多次试验，尝试了一千多种灯丝材料。如果爱迪生不是这么坚韧不拔，整个世界可能会再延迟一段时间才会见到灯光。由此可见，最可怕的不是失败，而是失败之后的一蹶不振。只有真正的强者，才能踩着失败的阶梯不断向前，奔向成功。

困难不过是纸老虎，你强它就弱

很久以前，有一个农民赶着他的小毛驴去赶集。在回家的路上，因为天色已晚，小毛驴不小心掉入一口枯井里，农民非常着急，使用各种办法来救小毛驴，但是都没有见效。眼看着天色越来越晚，农民只好独自回家。次日清晨，农民和家人带着工具找到枯井，想把枯井填起来。正当大家把各种垃圾、泥土扔到枯井里的时候，小毛驴不停地将主人扔到井里的垃圾和泥土踩在脚下，就这样，小毛驴越爬越高，最后居然踩着这些垃圾和泥土，爬出了枯井。正当众人感到惊愕的时候，小毛驴却蹦蹦跳跳地跑远了。

从这个故事中，我们不难得出一个道理：当苦难压在头顶，我们很容易就会被压垮；但是如果能调整心态，踩在苦难之上，那么我们就能把苦难作为阶梯，在人生之中有所进步和成长。对于每个人的人生而言，苦难都是必需的养分。既然我们注定无法逃避困难，就只能对苦难采取积极的态度，也把苦难作为成长的契机。

大名鼎鼎的哲学家尼采曾经说过："一个饱经苦难的人是没有权利悲观的，因为对于他们而言，苦难就像是人生的营养液，如果他们总是因为苦难而感到痛苦，甚至放弃对生命的努力，那么他们在生命之中，就无法获得成长，这也注定了他们的一生必然碌碌无为。"真正的人生强者，一定会熬过人生中最艰难的时刻，因为他们知道，只有坚定不移，才能够让人生更加成熟从容。所以不管命运怎样对待我们，我们都要始终坚定向上，决不退缩。

孟子曰："故天将降大任于是人也，必先苦其心志，劳其筋骨，饿其体肤，空乏其身，行拂乱其所为，所以动心忍性，曾益其所不能。"这句话告诉我们，古今中外有所成就的人，并不是因为有独特的天赋，而是因为他们有坚韧不拔的决心和毅力，来对抗命运的磨难和挫折。可见人们所说的心态决定人生其实是很有道理的，一个人只有拥有积极的心态，才能够坦然面对人生中的各种磨难与坎坷，为人生拼搏，决不懈怠。

对于孩子而言，人生才刚刚开始，与其因为人生小小的磨难就感到垂头丧气，不如调整好自己的心态，让自己始终能够积极勇敢地面对人生。尤其是在遭遇人生困境的时候，更要怀着坚定不移的信心奔向光明的未来。如果在人生的道路上总是焦虑不安，心中忐忑，那么又如何能够成就未来呢？李白曾说："长风破浪会有时，直挂云帆济沧海。"有人说，人生是一场航行，要在漫无边际的大海上走出一条路来；也有人说，人生是没有归途的旅程，最重要的在于经过，而不在于结果；还有人说，人生就像一部电影，只有在最艰难的时刻，才能够留下人生最深刻的印记。每个人对人生都有自己的理解，我们要说，人生是一次修行，也是一次对自我的挑战，更是不可替代的自我成长的过程。我们一定要热爱人生，因为生命的诞生原本就是一个奇迹，唯有饱含对生命的热爱，我们才能够创造更多的价值。当我们勇敢地度过人生中的每分每秒，坚定不移地勇往直前，那么我们就能够到达成功的彼岸，也能够拥有自己梦寐以求的人生。

孩子要想拥有无怨无悔的充实人生，就要拥有良好的心理素质。每个人的成长都不是一帆风顺的。一棵小树苗长成参天大树要经历风雨的摧残，要不停地扎根，才能汲取充足的营养。因此，在面对人生中不可避免的苦难时，我们一定要拥有良好的心理。心理学家经过研究发现：很多人的先天条件都是相差无几的，而之所以有的人获得巨大的成功，而有的人却在失败中一蹶不振，就是因为他们对待人生坎坷的态度截然不同。积极的人，对待人生的坎坷和磨难，怀着积极的态度，也能够给予自己更好的选择；消极的人，对待人生的坎坷磨难，总是悲观消沉，甚至不愿意有更好的发展。在这种情况下，就算命运想要偏袒他们，也没有机会。父母哪怕再爱孩子，也不可能永远陪伴和保护孩子，所以我们必须意识到，人生终究是需要我们独自去面对。既然如此，我们为何要一直依赖父母，导致自己失去独立生存的能力呢？明智的父母不会过分宠爱孩子，而是会学着对孩子放手，培养孩子独立生存的能力。明智的孩子，也不会一味地向父母索求，因为他们很清楚，唯有更加努力地发展自身的能力，才能够羽翼丰满，终有一日承担起照顾父母的责任，支撑起自己的人生。

所有的奇迹，都来自勇气

今天很多人都知道台湾作家林清玄的大名，却很少有人知道林清玄在还不满六岁的时候是一个敢于异想天开的孩子。那个时候，林清玄的家还在农村，他的父母过着面朝黄土背朝天的农民生活，每天父亲去农田里干活的时候，林清玄都会跟父亲一起去。当父亲干活干累了，林清玄就陪着父亲在树底下休息。

有一天，正当林清玄和父亲一起在树底下乘凉休息的时候，突然有一架飞机从他们的头顶上空飞过。林清玄看着飞机居然出神了，直到父亲喊他，他才回过神来。父亲问他为什么要盯着飞机看，林清玄高兴地告诉父亲："我长大之后也要坐飞机飞到天上去，还要去特别远的地方。"林清玄的话音刚落，父亲就笑起来了。他说："你真是个不知天高地厚、爱幻想的小孩。这样的幻想是根本不可能实现的，你还是老老实实跟我种地吧！"

后来，在小学六年级开始学习地理课之后，林清玄知道世界上有个地方叫埃及，埃及还有金字塔。他又告诉父亲："爸爸，长大之后，我一定要去埃及金字塔看一看。"父亲听到林清玄异想天开，不切实际，非常生气，狠狠地责骂了林清玄一通。此后，林清玄不管有什么梦想，都会隐藏在心里，再也不和父亲倾诉。而他心中对于梦想的渴望，却一刻都没有停止过。直到有一天，林清玄坐在埃及的金字塔下给父亲写了一封信，还随信附上了自己在金字塔下的照片。林清玄终于实现了在父亲看来不切实际的梦想，而如果没有当初的这些异想天开，他又怎么可能成为今日的自己呢？

面对父亲的打击，林清玄始终没有放弃梦想，更没有一刻停止过对于人生的期望和憧憬。一个人如果连想都不敢想，更不要说真正去做了。因而，只有敢想的孩子才敢干，只有敢干的孩子才有可能获得成功。孩子们，你们有自己的梦想和憧憬吗？你们因为自己的异想天开而被父母指责过吗？如果有，不要气馁，像林清玄一样把梦想牢记在心中，并且为了实现梦想而不懈努力吧！终有一天，你会为自己的异想天开而骄傲，也会为自己的成就而骄傲。

我们需要勇往直前，才能最大限度激发出自身的潜能，才能为社会进步贡献属于自己的一份力量。孩子们，不要惧怕想象，因为你的想象终有一日会变成现实。

第 03 章

自控自省：
稳扎稳打开辟美好的前程

孩子要想更好地成长，就一定要养成自律和自省的好习惯。否则，一味地闷着头行走人生之路，就无法及时有效地反思自己，也就无法从成长之中收获更多的经验。古人云：吾日三省吾身。很多时候及时地自我反省，会让孩子更好地成长。此外，反省还能帮助孩子及时修正自己的人生道路，也会给予孩子更多成功的可能性。

自制是克制冲动的良药

古往今来，历史上很多悲惨的事件都是冲动导致的，而隐忍克制往往给人带来成功。例如，在秦朝末年，刘邦的力量并非最强大的，但是刘邦情商很高，知人善任，因而能够调动天下的有才之士为自己所用，也因为他隐忍克制，最终在楚汉争霸中获得胜利。

在楚汉战争之前，相比起项羽，刘邦的实力还很弱，也可以说，刘邦并不具备可以与项羽抗衡的实力。然而，刘邦最大的优点就是虚心求教，任人唯贤。有一次，刘邦正在洗脚的时候，高阳人郦食其来拜访他，准备为刘邦出谋划策。刚刚走进刘邦的门，他就看到刘邦正在洗脚，当即不悦地提醒刘邦要尊重长者。刘邦并没有因为郦食其的指责而生气，反而觉得郦食其说得很有道理，因而马上把脚擦干净，穿上鞋袜，衣冠整齐地把郦食其奉若上宾。最终，刘邦采纳了郦食其的建议，攻打陈留，获取了秦国积蓄的粮草。

刘邦在面对项羽时，更是展现出了极大的忍耐力。在鸿门宴上，他忍气吞声，给项羽、范增送礼赔不是，扮演无辜，低声下气好话说尽，才得以消除项羽怒气，逃出生天。而当楚王分封时，将刘邦封在汉中的狭窄之地，四面高山，只有河谷盆地，没有足够的人口，更没有足够的商品经济，刘邦仍能忍一时之气，欣然接受了任命，以图后事。可以说，刘邦最终能够成就霸业，与他的隐忍克制是分不开的。

隐忍克制是很多人成功的秘诀。为了控制好情绪，每个孩子都要学会隐忍。所谓隐忍，并不是一味地忍耐，也不是完全忽略自己的真实想法委曲求全。隐忍是为了顾全大局采取的策略，是为了实现更远大的目标，采取的权宜之计。古人云："小不忍则乱大谋。"这句话正是告诉人们，每个人都要学会隐忍，才能为了长远而忍得一时之气。

很多孩子都误以为，克制是软弱无能的表现，实际上，克制的人非但不是软弱无能，反而有勇有谋，所以具有非同寻常的力量。从本质上而言，克制就是一种力量，因为一个人如果能够很好地控制自己，他就是自由的人；一个人如果拥有克制的思想，他就是拥有强大力量的人。在这个世界上，绝对的自由根本不存在，每个人所享受的自由，都是在纪律、规范和道德约束下的自由。所以，当一个人表现出隐忍和克制时，恰恰不意味着他是怯懦无能的，而意味着他是勇敢无畏的，也是坚定不移向前的。拿破仑曾经说过，一个人唯有拥有超强的自控能力，才能更好地掌控自己，才能战胜自己，征服这个世界。

每个孩子都需要控制好自己的情绪，才能带着好心情面对工作和学习。此外，控制好情绪不但可以避免误伤他人，还可以给自己带来好心情，可谓一举两得。当发现自己陷入坏情绪之中时，可以运用很多好方法，从而有效地避免被情绪误伤。例如，当情绪特别冲动的时候，不如转移注意力，很多情况下一旦能够暂时转移注意力，一时的怒火就不会灼灼燃烧。其次，当因为别人的错误而怒不可遏时，设身处地为他人着想，站在他人的角度考虑问题，这些都是平息怒气的好办法。总而言之，人非圣贤，孰能无过，我们既要宽容自己，也要宽容他人，这样才能在必要的情况下最大限度地平复心情，始终保持情绪的愉悦。

养成自省的习惯，让你实现优秀的蜕变

晓东已经9岁了，正在读小学三年级。晓东虽然和爸爸妈妈生活在一起，但实际上是由奶奶负责照管的。奶奶非常疼爱晓东，照顾晓东无微不至，每天晚上还帮晓东收拾书包，早晨送晓东上学的时候，还帮着晓东背书包。

有段时间，奶奶因为老家有事情，所以临时回去了。奶奶才回去一天，晓东在学习上就出现了问题。原来，因为没有人帮忙收拾书包，晓东粗心大意，居然忘记把语文作业收到书包里了。妈妈正在上班，就接到老师的电话，让妈妈赶紧把作业送到学校去。原来，老师是担心有的孩子没有完成作业，却撒谎说忘记带作业，所以要求班里忘记带作业本的几个同学的父母把作业送到学校。妈妈正在开会，不得不放下手里的工作，第一时间赶到学校。

当天晚上回到家里，妈妈非常生气，忍不住对晓东发脾气。晓东却不以为意："都怪你们没帮我收拾书包，要是奶奶在家，这种事情绝对不会发生。奶奶每天晚上都帮我收拾书包，还会认真检查一遍。今天晚上，你和爸爸到底谁帮我收拾书包？不然我可不能保证明天需不需要你们送书、作业或者是文具！"妈妈被晓东气得说不出话来：这都是什么歪道理啊！

幸好爸爸及时赶到，对晓东说："晓东，收拾书包是你自己的事情。假如你现在是一名战士，难道能让别人为你准备枪支和子弹吗？难道你就不担

心因为别人的疏忽，你次日上战场的时候，拿着一支空膛枪吗？"听完爸爸的话，晓东陷入沉思。这个时候，妈妈接着爸爸的话说下去："对。学会自我检查，这是每个孩子都必须做的，就像在考试的时候，要学会检查试卷一样。除此之外，在学习和成长的过程中，你要保持反省的精神，才能不断进步。"

古人云："吾日三省吾身。"反省不但对于成人的发展有很大的好处，对于孩子的成长，也是至关重要的。通过反省，孩子才能更加深刻地认识自己，才能端正态度对待自己，深入分析自己。尤其是在学习方面，当遇到各种困难和阻力的时候，反省也有助于孩子找到最佳的方法，提升自己。在这种情况下，孩子当然要对自己的行为进行深刻省察，从而更加卓有成效地修正人生的道路，也要不断地反观自己的言行举止。这样才能有效地结合自身的情况，不断地调整思路，改变方法，也更加有力地推动自身发展。

反思的过程，从本质上而言是自我修正和推动的过程。孩子正处于学习和成长的关键时期，也正处于形成人生观念的重要时期。在这种情况下，父母要引导孩子学会自我反省。正如一句古诗所说的："不识庐山真面目，只缘身在此山中。"对于每个人而言，最熟悉的陌生人恰恰就是自己，每个人看似熟悉自己，实际上从未客观地面对过自己，并不真正了解自己。在这种情况下，人一定要不断地自我反省，才能从自身的局限之中跳出来，让自己站在第三者的角度，才能客观认知和公正地评价自己。正因为如此，很多人才说我们最大的敌人就是自己，而人生最重要的就是面对自己，自我挑战。

对于孩子而言，成长的过程也许是很漫长的。很多孩子的学习都是接受外界知识的灌输，而很少做到积极主动地学习。一旦形成自我反省的精神，孩子们就能够变被动学习为主动学习，也能够最大限度地激发自身的积极性，从而为人生的发展和进步提供源源不断的动力。也许孩子天资普通，也许孩子能力平平，但是一定要拥有自我反省的能力，也要拥有积极进取的力量，才能在不断的反省和努力中，一步一个脚印地成长。

常言道："金无足赤，人无完人。"在人生的道路上，每个人都有一定的缺点和不足，每个人都需要不断地成长，才能让自己更加成熟起来。对于孩子而言，不能忽视自身的缺点，也不能自欺欺人。而是要主动地反思自己，才能有效地提升和完善自己，才能在人生的道路上砥砺前行，奋勇向前。反之，如果孩子只追求进步，却不知道自己的方向是否正确，如果无形中犯下南辕北辙的错误，就会导致孩子陷入人生的困境，变得非常被动。当然，要想帮助孩子形成主动反省的好习惯，父母也要给孩子树立榜样，教会孩子如何反省才能更有效。

孩子们还需要注意的是，当在生活中犯下错误的时候，要主动承担责任。而不能总是把错误都推卸到父母等其他人身上，因为一个总是推卸责任的人，根本无法积极主动地看到自己的缺点和不足，也就不能做到取长补短，扬长避短，更不能卓有成效地提升自己。

坚定不移，稳扎稳打走好人生的每一步

康熙皇帝登上皇位的时候，年仅8岁，根本不具备治理国家的能力和才华。祖母孝庄太后全心全意地培养康熙，只盼望着康熙快快长大，能够整治朝廷乱象，稳定朝政。

在当时，朝廷最大的问题是鳌拜专权。鳌拜是护国大臣，辅助康熙处理政务，利用职务之便，他暗中勾结很多同党，在朝廷上横行霸道，从来不把少不更事的康熙放在眼里。康熙年幼，孝庄太后尽管为此而忧心忡忡，却拿鳌拜没有任何办法，为了一时的稳定，所有人都忍气吞声。随着渐渐成长，康熙也从一个年幼的孩子成长为少年，年轻气盛的他几次冲动地想与鳌拜硬碰硬。然而，他意识到自己的能力与鳌拜相差甚远，还不到和鳌拜拼死搏斗的好时机。为此，他只好把愤怒压抑在心中，而默默地积蓄力量，等着时机成熟再与鳌拜一较高下。

等到16岁那年，康熙意识到时机已经到了，于是出其不意，攻其不备，顺利地制服了鳌拜。后来，康熙励精图治，在历史上留下了浓墨重彩的一笔，建成了国力强盛的清朝。

对于8岁登基的康熙而言，他还是个孩子，根本不足以与在朝廷里党羽众多、嚣张跋扈的鳌拜相抗衡。假如康熙不自量力地对抗鳌拜，他一定会陷入

困境，也会使自己变得非常被动。如果康熙被实力强大的鳌拜打败，也就没有后来强大的清朝。幸好康熙是非常聪明的，也足够隐忍，他能够用理智战胜怒气，也把自己的愤怒压抑在心底里。整整8年的时间里，康熙默默地养精蓄锐，所以才能战胜鳌拜。

人总是需要一步一步，稳扎稳打地向前走，才能达到预期的目的。如果总是陷入浮躁之中，行走的每一步都急功近利，经不起任何等待，那么长此以往，人们就会陷入困境之中，无法自拔。对于正在成长的孩子而言，虽然无须像康熙一样忧国忧民，但也要能够坚定隐忍，从而控制自己的情绪，成为人生的主宰，也真正地驾驭人生，不断地向前。所谓自制力，更多地表现在对意念的控制上。而所谓的控制意念，从本质上而言，就是要拥有清醒的头脑，始终保持理智的状态。归根结底，人生的目标从来不是一蹴而就的，每个孩子要想获得成长，要想经营好人生，就要端正心态摆正姿态，才能在人生的道路上勇往直前，收获颇丰。

很多孩子常常感到自卑，也因为自卑而怀疑自己的能力，质疑自己的人生。其实，要想稳扎稳打走好人生的每一步，就要拥有拼搏的精神，让自己变得更勇敢，更加有闯劲儿。首先，孩子要对自己进行积极的心理暗示。尤其是在遭受坎坷和挫折的时候，孩子更要积极地鼓励自己，暗示自己，从而让自己拥有好心态，从容地应对人生的坎坷和磨难，走出困境。其次，孩子还可以进行自我激励。不管做什么事情，孩子都应该渐渐地走向独立，这样才能自觉地掌控人生。每一个人的人生，都不能只被动前行，尤其是孩子正处于学习和成长的黄金时期，他们的人生就像是刚刚发射的火箭一样，需要全速向前。在这种情况下，如果孩子拥有内驱力，能够推进自己的人生，就会有更好的效果。最重要的是，孩子一定要认识到自己是人生的主人，也是命运的主宰，这样才能发挥积极主动的作用，最大可能实现人生的愿望。

掌控了欲望,你也就掌控了自己的人生

为了研究孩子们对于欲望的控制能力,美国心理学家米卡尔曾经专门进行过一项实验。这个实验是以糖果为媒介进行的,所以也被称为"糖果实验"。

在糖果实验中,米卡尔选择的实验对象是一群年仅4岁的孩子。米卡尔把孩子们带入一个房间,然后拿出五颜六色的糖果,给每个孩子都发了一颗糖果。在这种情况下,米卡尔告诉孩子们:"糖果非常美味,但是我有事情要离开片刻。你们可以现在吃掉糖果,也可以耐心地等等我,如果等到我回来再吃糖果,我将会再奖励你们一颗糖果,你们就拥有两颗糖果了。"在确保孩子们都已经理解了他的意思之后,米卡尔离开了这个房间。在他离开的十几分钟时间里,通过房间的监控设施,研究人员发现有大概三分之一的孩子当即就吃掉了糖果,此外,还有一部分孩子虽然等待了一段时间,但是终究没有经受住糖果的诱惑,也吃掉了糖果。最后,还剩下一部分孩子,他们想出各种办法来抵制糖果的诱惑:有的孩子对着糖果做鬼脸;有的孩子故意闭上眼睛,不再看着糖果;也有的孩子与同样坚持等待的孩子结成同盟,一起做游戏;还有的孩子甚至假装睡觉。总而言之,这些绞尽脑汁抵制糖果诱惑

的孩子，最终都成功地等到米卡尔回来，并且兴高采烈地得到了米卡尔额外奖励的糖果。

此后，研究人员针对这些孩子进行了跟踪调查，发现那些对于糖果的诱惑没有任何抵抗力的孩子，在社会生活中表现较差，他们优柔寡断，意志力薄弱，一旦遭遇小小的挫折就会放弃努力。相比之下，那些能够抵制诱惑，坚决等到米卡尔回来的孩子们，则表现得非常优秀。他们往往非常自信，充满力量，也能很好地融入社会生活，在遇到坎坷和挫折的时候，也绝不轻易放弃。由此，米卡尔得出结论，能够控制欲望的孩子更容易获得成功，也拥有更强大的力量。

古往今来，大多数成功者之所以能够获得成功，既不是因为独具天赋，也不是因为拥有超强的能力，而是因为他们都非常自律。面对目标，他们往往更加坚定不移，也可以有效控制自己的本能，战胜人性的弱点，从而让自己在生活中有更好的表现。

在日常生活中，孩子们之间表现得并无明显的差异；但是越是在关键时刻，孩子们的表现就越是不同。那么，对于孩子而言，如何才能够更加自律，从而主宰自己的命运呢？自律并不是天生的，孩子们要对结果有一定的认知，也要对于人生中的一切都有更深刻的理解和感悟。这样一来，孩子们才能权衡和比较，才能通过衡量不同的结果，作出相应的选择。此外，为了增强自己的意志力，孩子们还可以为自己寻找几个榜样。有很多名人都是值得学习的，从他们身上，孩子们总能汲取积极的力量，也能够让自己不断地成长和成熟起来。最后，对于日常生活中经常发生的和必须去做的事情，孩子们还应该养成习惯，这样在固定的时间就会做固定的事情，而丝毫不觉得有难度。当身心均已经习惯规律的作息生活时,孩子就可以有意识地发掘自身的潜力,从而有更多的理性认知。对于孩子而言,唯有控制自我,才能真正把握人生的主动权,获得成功。

克己慎独，是自律的最高境界

元代大名鼎鼎的教育家、思想家许恒，不但在学术方面有成就，还在朝廷中担任要职。许恒总是宽以待人，尤其是在对待学生时，就像对待自己的孩子一样亲切关爱。然而，许恒对自己的要求非常严格，哪怕是在没有他人要求的情况下，许恒也拥有超强的自制力。无论在怎样的环境中，都是言行一致的君子。

有一年夏天，局势动荡不安，很多人都逃离家乡，去其他地方避难。因为长途跋涉，每个人都又渴又饿，许恒作为文人体力更差，在走了一段时间的路之后，他已满头大汗，面色苍白，浑身都疲倦无力。正当大家准备原地休息的时候，突然有人喊道："前面有梨树，满树都是大大的梨子，可以摘着吃！"大家听到后都急匆匆地赶到前面去摘梨子吃，只有许恒依然坐在原地休息，不为所动。

有一个人很惊讶，问许恒："前面有梨园，你为什么不去摘梨子吃呢？"听到这样的提问，许恒说道："这些梨树肯定是有主人的，我们不能在主人不在的时候，偷偷地摘梨子吃。"听到许恒的话，那个人不由得发出嘲笑："真是个书呆子，如今人命都难以保全，主人早就逃离了这个地方，哪里还顾得上他的梨园呢？"许恒当然知道这些梨树的主人可能早就不知所踪，但是他依然坚持自己的原则。这些梨树尽管眼下没有主人来看护，但并不意味着它们无主。想到梨树的确是有主的，许恒坚决不去任意采摘。

最高境界的自律，就是克己慎独。在这个事例中，许恒明知道梨树的主人并不在当地，也知道主人短期之内不会回来照顾梨树，但是他依然按照原则要求自己，绝不轻易地放松标准。可以说，许恒是非常自律的，正是因为有这种力量，他才能够在学术上做出伟大的成就。

一个人如果在有外界约束的情况下能够管理好自己，这不足为奇，因为每个人都很在乎他人对自己的意见和评判。但是，如果一个人在没有外人见证和约束的情况下，依然能够克制好自己，绝不轻易地放松对自己的要求，更不任由自己做出违背原则和理性的事情，这样的自律力才是更强大的，才是真正的自律。

在现实生活中，每个人都肩负着多重角色。一个女人，既是女儿，也是妻子，还是母亲；一个男人，既是儿子，也是丈夫，还是父亲，这只是他在家庭中的角色。在职场上，每个人还会肩负着更多角色。在这种情况下，可想而知，一个人要想真正活得明白透彻是很艰难的。尤其是当不同的角色都面临各种诱惑和欲望的时候，很多人都容易自我放弃，做人做事偏离内心的轨道，甚至让人生因此而陷入困境。作为新时代的人，作为未来社会的栋梁，孩子们又该如何增强自律，从而拥有更好的未来呢？

孩子们一定要做到以下三点。首先要收敛自己的本性。人的本性中有很多的弱点，我们在他人面前要管理好自己，而在没有人监督的时候，我们更要管理好自己，尤其是不要打破自己对规则的遵守。很多孩子在想放松的时候，总是会说"只放松这一次"。实际上，一次的放纵，就会导致严重的后果，更会让他们的欲望极度膨胀，导致他们后来无数次违背规则，做出逾越规矩的举动。其次，要做到表里如一。很多孩子能够审时度势，根据外界的情况调整自己对待外界的方式与方法。这如同双面人一样的表现，对于孩子的成长绝没有好处。每个人都要言行一致，表里如一，而不要当着别人的面一套，背着别人的面一套，否则就会让自己产生混乱的思维和认知。最后，就是一定要宽以待人，严于律己。很多人恰恰把这件事情做得颠倒了，对待自己非常宽容，而对待他人却非常严格。所谓宽以待人，实际上就是对待他人宽容，而严于律己，则指的是严格要求自己，一个人如果想要原谅自己，是很容易找到理由的，但是这样的做法并不理智。明智的人一定会做到克制自己，严格要求自己，否则一旦放松对自己的要求，就会导致放弃很多原则。尽管孩子们年纪还小，却依然要严格要求自己，这样才能够让自己的成长遵循一定的原则，让自己的每一步都走得稳稳当当。

身处逆境，也不忘培养优秀的习惯

很久以前，有个女孩大学毕业后一直没有找到合适的工作，她想不明白自己寒窗苦读十几年，为何走出象牙塔之后却不能找到合适的岗位，实现自己的价值。为此，她一直郁郁寡欢，一蹶不振。随着在家待着的时间越来越长，她甚至不能再鼓起勇气继续寻找工作。她每天满是抱怨，常常当着父母的面，感慨人生迷茫，完全没有方向。她甚至想放弃生命，却又不忍心让父母伤心。意识到孩子的危险状态之后，当厨师的父亲想出了一个办法，他决定给女儿上一节特殊的课。

父亲拿出三口锅，然后在三口锅里加入了等量的水，再把锅里的水都烧开。之后，父亲拿出了今天的主角，那就是萝卜、鸡蛋和咖啡。父亲分别把萝卜、鸡蛋和咖啡放入锅里，然后就开足火力开始加热，很快锅里的水就沸腾了。女儿不知道父亲想做什么，非常疑惑地看着父亲。父亲一言不发，面带微笑地要求女儿认真观察锅里的情况。在沸腾的水中，萝卜变得越来越软。鸡蛋则凝固成蛋白和蛋黄。只有咖啡，变得越来越香，让整个屋子里都弥漫着浓郁的香味。父亲问女儿："你有什么感悟呢？"女儿不知所以，父亲笑着告诉女儿："其实经营人生就像是在做饭，不同的方式会得到不同的结果。这三口煮沸的锅，就象征着人生的逆境。因为对待逆境的方式不同，人们也会得到不同的结果。看看吧，萝卜变得又软又糊，是因为它已经向逆境妥协，失去了自己的本色；鸡蛋从之前的液体状态变成固体，虽然它没有妥协，却也没有融入环境之中，还用坚硬的壳把自己完全封闭起来；只有咖啡，它把自己彻底地融入沸水之中，让原本清澈无味的沸水因为它变得浓香，也受到了很多人的欢迎。人生也是如此，如果故步自封，或者是随意地妥协，那么就会失去自我。相反，只有把自己融入环境中，才能让周围的一切因为你而得到改变。"女儿听了父亲的话恍然大悟，原来一直以来她把自己封闭起来，对外界充满了抱怨，固执地与外界对抗，所以才会陷入这样艰难的处境之中。女儿笑着对父亲说："我应该把自己变成咖啡，这样才能够融入环境，也能浓香怡人。"父亲微笑着点点头。

每个人都会经历逆境，既然逆境是不能改变的，我们就要把自己融入逆境之中，这样才能够改变处境。有人说，伟大是熬出来的，这是因为人从来不是生而伟大的，每一位伟人都是在命运的磨难中砥砺前行，不断地坚持，才能够铸就伟大的！我们必须相信，每个人的存在都有其理由，也要相信我们自身的存在是有价值的。在这种情况下，我们必须努力实现自己的价值，创造自己生存的意义，才能够成就优秀的自己。

世界上，每个生命都是独一无二的存在。在逆境中，我们可以更好地发挥自身的能力，让自己不断地成长。而一旦遭遇逆境，如果总是自我放弃，那么就会让梦想变得干枯。在这种情况下，我们必须在这个世界上努力认真地去生存，也拼尽全力去改变自己，才能融入环境，真正实现自己的人生目标，也最大限度地与环境完美地交融在一起。在人生的路途中，每个人都会经历各种各样的境遇，即使是孩子，也会有自己的烦恼和挫折。只有把逆境看作是人生赠予我们的一份珍贵礼物，把各种各样的坎坷和磨难，都看成是磨炼意志的绝佳机会，我们才能真正地融入逆境，才能够在战胜逆境的过程中培养自己坚韧不拔的精神。记住，人生从来都不是顺遂如意的，一个人要想真正崛起，就要充满信心，就要拥有相信自己的力量。

当感觉自己的心情沉重，人生举步维艰的时候，很多人都会采取自我封闭的态度。实际上，这样的做法是非常不理智的，因为一个人如果把自己严密地包裹起来，就没有机会寻找更好的解决办法。明智的做法是打开自己的心扉，向自己信任的人倾诉；哪怕只倾诉，最终没有结果，也能让我们解开心结，也能让我们得到他人的理解和支持。当然，每个人释放自身情绪的方法是不一样的，例如，有的人喜欢远足，四处走一走，看一看，有的人喜欢唱歌，有的人喜欢跳舞。总而言之，不管是哪种方式，只要是能够对人产生积极作用的方式，就都是有效的。情绪就像一条河流，应该始终处于流动的状态，而不应该如同一汪死水。对于人生的逆境，我们要采取不同的方式去排解，帮助自己走出逆境。无论如何，不管人生经历多少坎坷挫折，我们都应该成就最优秀的自己，怀着阳光的心态，在逆境中始终积极向上。只有这样，我们才能够在逆境中收获更多，才能够在逆境中真正成就自己。常言道："宝剑锋从磨砺出，梅花香自苦寒来。"逆境才能造就坚强的品格，让每个人都能够在人生中绚烂地绽放。

第 04 章

思维驰骋：
聪明的孩子要敢于打破常规开拓创新

对于孩子而言，最重要的事情在于打破常规，开拓创新。创新，不但是孩子成长和发展的前提，也是整个社会不断向前发展的推动力。在传统的教育模式下，很多孩子都变得唯唯诺诺，总是被动地接受知识，而缺乏自己的思维。然而孩子一定要敢于质疑，要敢于打破常规，才能挣脱思想上的束缚，才能最大限度地满足自己对人生的憧憬和渴望，也更好地实现自己的理想。

绝不盲从，聪明的孩子要敢于质疑权威

小泽征尔作为大名鼎鼎的指挥家，在音乐方面颇具才华，而且具有自信，敢于挑战权威。有一次，小泽征尔参加世界优秀指挥家大赛，经过层层选拔，他进入了决赛。

在决赛中，小泽征尔出场的顺序靠后，等到小泽征尔正式出场的时候，很多参赛选手都已经结束了比赛。小泽征尔并不着急，拿到乐谱之后，他气定神闲地开始指挥。当演奏进行到一半时，小泽征尔敏感地发现乐谱中有不和谐的音符存在。起初，他以为是乐队的演奏有问题，因而立即指挥乐队停止演奏。小泽征尔是一个追求完美的人，在经过调整之后，他才指挥乐队继续演奏。然而，当演奏进行到一半的时候，小泽征尔依然听到了刺耳的音符。这一次，他确定乐队的演奏没有问题，那么只能是乐谱出现问题。为此，小泽征尔认真地检查乐谱，这才发现乐谱的确有问题。他当即把情况向大赛组委会反映，组委会的成员和诸多的评委，全都认为小泽征尔错了。在这么多的权威面前，小泽征尔没有慌乱，而是坚持自己的意见，认定乐谱有问题。就在小泽征尔的坚持声中，大赛组委会的成员们全都给予了小泽征尔热烈的掌声。原来，这是大赛组委会精心设计的考验，目的就在于审查指挥家的音乐敏感性，同时考察指挥家在权威面前能否坚持自己的判断，不畏惧权威。

就这样，小泽征尔赢得了大赛的冠军。从此之后，小泽征尔声名鹊起，在指挥方面获得了长足的发展，也为自己在音乐领域的发展奠定了良好的基础。

如果小泽征尔缺乏自信，也不敢挑战权威，那么在面对诸多权威的质疑时，就很难坚持自己的判断，更无法始终认定是乐谱出现了问题。正是因为小泽征尔拥有自信，也相信自己的判断，所以他才能坚持自我，不畏惧权威，才能在比赛中成功地挑战自我，获得成功。

世界上的万事万物都处于发展和变化之中，孩子的能力也在不断地发展。在成长的过程中，孩子既要做到虚心求教，也要做到相信自己的判断，坚持自己的判断，这样才能最大限度地激发学习的动力。总而言之，孩子必须有不惧权威的精神，才能坚持学习和进步。否则，如果总是迷信权威，没有自己的想法，只能接受知识的灌输，也就很难在学习方面有所突破和进步。

孩子要想拥有创新能力，就要多多提问。正如很多孩子都喜欢看的《十万个为什么》一样，孩子们也要不停地问自己为什么，才能激发自己的思路，开拓思维，从而富有学习的动力。在学习的过程中，如果产生了疑问，就要大胆地提出来。当孩子觉得老师所教授的知识未必完全正确时，可以询问老师，与老师共同探讨。还有些孩子迷信书本，总觉得书本中所写的都是对的。殊不知，尽信书不如无书，如果孩子不能打破书本的禁锢，放飞思维，那么很容易受到书本的局限，导致学习面临困境。

实践是检验真理的唯一标准，当孩子迷信理论知识，导致理论脱离实践的时候，就很难深入了解相关的理论知识，也无法把知识转化为实际生活所需要的能力。所以在学习的过程中，孩子们一定要理论结合实践，才能最大限度验证自己所学的知识是否正确，才能在理论结合实践的过程中，更深入地了解知识，从而为自身的发展奠定坚实的基础。

换个思路，难题将会迎刃而解

如今，很多时尚的年轻人都喜欢穿牛仔裤，其中有个品牌叫作李维斯。实际上，李维斯牌牛仔裤的诞生纯属偶然，是善于变通和懂得创新的李维在淘金不成之后，才创造出来的服装品牌。

当年，美国西部兴起了一股淘金热，很多人都怀揣着淘金的梦想，赶往美国西部。李维也是淘金队伍中的一员，然而在赶往西部的路程中，他被一条大河阻挡了前进的脚步。他苦思冥想，却没有找到渡河的方法。眼看着和他一样被大河阻挡的人越来越多，他灵机一动，想到自己可以摆渡，帮助人们渡河，生意一定也会十分火爆。为此，他当机立断买来船只，做起了摆渡的生意。由于当时正值淘金热潮，每个人都急于过河去淘金，虽然李维收取的费用很高，人们也很慷慨地掏钱渡河。就这样，李维赚取了第一桶金。后来，随着需要渡河的人越来越少，渡河的生意也渐渐冷清下来。这个时候，李维决定结束渡船的生意，前往西部淘金。

到了西部，李维发现淡水很珍贵，因而做了一段时间淡水生意。后来，因为淡水生意被人抢走，他决定改行收集旧帐篷，并把回收的旧帐篷做成衣服，卖给淘金的人穿。旧帐篷制成的衣服很耐磨，所以淘金的人很爱穿。渐渐地，李维成立了公司，专门用制作帐篷的布料制作衣服，最终成为在全世界都很有名的"牛仔大王",他制作的牛仔服装也受到了全世界人的喜爱。

由此可见,李维是一个思路灵活的人,所以他在面对很多困境的时候,才能机智灵活地作出应对,果断地抓住千载难逢的机会。在去西部淘金的路上,他因为被大河拦住去路而做起渡河生意,在到达西部之后,他发现淡水很抢手又做起淡水的生意,后来淡水的生意做不成了,他就开始回收旧帐篷做衣服卖。与那些一门心思只想着淘金却最终毫无收获的人相比,李维无疑收获更多,创办了属于自己的品牌,拥有了真正属于自己的"金矿"和财富源泉。

在这个世界上,真正的聪明人都是懂得变通的。他们固然要奔着目标不断前进,但是他们也能够与时俱进,根据现实的情况随机应变,作出理性的决定和机智的改变。正因如此,他们才能看到大多数人都视而不见的机遇,也能真正抓住机会,有效地发展自己。

对于孩子而言,最重要的就是要培养发散性思维,这样才能在被难题逼入死角的时候,及时地改变思路,调整思路,做到与时俱进,勇于创新。这是因为真正局限我们的不是难题,而是思想。所以只有真正改变思想,创新性地解决问题,才能有效地突破困境,让学习和生活都进入崭新的阶段。

人生能走多远，取决于你的思想有多远

阿西莫夫是美国大名鼎鼎的科幻作家，他从小就聪明机智，还在智商测试中得到了很高的分数。为此，年纪轻轻的阿西莫夫难免觉得骄傲，甚至认为自己是天才。他常常炫耀自己的智商，也以此为自己的骄傲。直到有一次，阿西莫夫被一个修理工"修理"了，他才意识到人外有人，天外有天，如果一个人被思想禁锢，那么人生就很难有长足的发展。从此之后，他非常谦虚，也总是有意识地开阔自己的思路，最终成为著名的科幻作家。

被"修理"的那一次，阿西莫夫原本是去修车行修车的。阿西莫夫经常光顾修车行，所以他与那里的修车工已经非常熟悉了，彼此说话也很随意。看到阿西莫夫光顾，修车工笑着对阿西莫夫说："博士，您来啦，我正好有个问题想要请教您，看看您是否能够顺利回答出来。"阿西莫夫不以为意地说："当然没问题，我对问题来者不拒，你快说吧。"修车工说："一个聋哑人去了五金商店，对着售货员比画。他把左手的两个手指竖立在柜台上，把右手做成锤子的形状，对着左手的手指敲击。售货员为他拿来锤子，他却摇摇头，用右手指了指自己左手的两个手指。售货员当即心领神会，为聋哑人拿来钉子。聋哑人买好钉子离开后，没过多久，又有一位盲人也来到五金商店。这个盲人想买剪刀，那么他应该怎么办呢？"阿西莫夫不假思索地竖

起两个手指，比成剪刀的样子。修车工哈哈大笑起来，说："哈哈，博士，你回答错了。盲人不是聋哑人，只需要告诉售货员他要买剪刀就可以啊，这是多么简单的问题，对不对？"阿西莫夫不得不承认自己一时疏忽，为何在思维定式的影响下就没有想到盲人是可以说话的呢？

当陷入思维定式的怪圈时，人就会受到思维的禁锢，很难发散思维。在这个事例中，阿西莫夫也许的确很聪明，能够回答很多疑难的问题，但是他被这个非常简单的问题难住了，他其实是输给了自己的思维。如果他能够打破思维惯性，挣脱思维的枷锁，这个问题就会变得非常简单。

有人说，人最大的敌人就是自己。每个人尽管最熟悉自己，其实对自己也最陌生。这是因为人们无法从自身的局限中跳脱出来，客观地看待自己，在这种情况下，人对于自己的看法难免有失公正，对于人生也会有很多无奈和局限。

人对自己的限制和禁锢，主要体现在思想方面。思想能走多远，人生就能走多远，因此孩子们要想获得长足的发展，让自己有机会展翅翱翔，就要打破思想的禁锢，勇往直前。很多孩子都喜欢看奥运会比赛，那么就会知道，在赛场上的每一个运动员都要长期坚持锻炼，先是想方设法突破自身的局限，又努力地打破前人的纪录。通常情况下，那些能够打破自我纪录和前人纪录的运动员，都是在思想上有正确认识，也相信自己的确能够突破纪录的运动员。反之，如果运动员总是自我局限，从来不认为自己能够突破自我，或者打破前人的纪录，那么他们也根本无法真正创新。

要想摆脱思想的禁锢，首先要端正态度，形成正确的思想意识。否则，如果首先从思想上禁锢了自己，总是否定自己，不相信自己，如何能够激发出自身的所有力量，有效地提升和完善自己呢？孩子们一定要记住，思想有多远，人生就能走多远，唯有摆脱思想的禁锢，才能越来越接近成功，唯有真正摒弃错误的思维方式，才能随着形势的改变不断地调整思维，从而有所成就。

　　为了锻炼自己的思维能力，孩子们可以多多阅读，这样才能张开想象的翅膀，让自己的思维无拘无束，不受禁锢。此外，很多孩子之所以自我禁锢，是因为缺乏信心，陷入自卑的怪圈之中无法自拔。在面对看似有难度的任务时，孩子们要坚持尝试，这样才能在不断尝试的过程中总结经验，才能踏着失败的阶梯不断进步，为自己的成长奠定坚实的基础。尤其是在学习的过程中，关键在于，孩子们要拥有质疑的能力。既不能盲目地迷信老师，也不能盲目地迷信书本，而是要在虚心求教的同时，坚持主动学习。有疑惑的时候，要努力地反思和求证，这样才能在学习上事半功倍，效率倍增。

学习运用创新思维能让你事半功倍

孙阳是战国时期一位技艺高超的相马专家,他只需要看一眼马,就能判断马的优劣。因此,孙阳获得了"伯乐"的称号,很多人都特意邀请孙阳为他们相马。孙阳声名鹊起,成为方圆几十里不折不扣的相马专家,美名远扬。为了能够把相马的技艺传承下去,孙阳还耗费大量的时间和精力,写了一本《相马经》,目的在于为想学习相马的人传授经验,给予他们切实有效的指导。孙阳创作《相马经》时非常用心,不但有详细的文字记录,还精心配图,画上了栩栩如生的千里马,尤其突出千里马具有的与众不同的特点。

孙阳的儿子看到父亲这么受欢迎和尊重,也对相马产生了浓厚的兴趣,他也想成为和父亲一样的人。为此,儿子主动学习《相马经》,并且把父亲在书本里讲授的内容全都牢牢地记在心里。儿子觉得自己已经可以出师了,因而兴致勃勃告诉父亲:"父亲,我已经能把《相马经》倒背如流了,我可以继承你的衣钵,出去寻找千里马了。"孙阳当即对儿子说:"你先去找一匹千里马回来,我才相信你的眼力。"儿子并不觉得这个任务困难,高兴地接受了任务,就马上离开家踏上了寻找千里马的旅途。为了不出错,儿子还把《相马经》带在身上。然而,他走遍了很多地方,见到过很多马匹,从未觉得有任何马匹符合父亲在《相马经》中列举的千里马的特征。例如:《相马经》中说千里马要额头凸起，双眼凸起，四个蹄子就如同酒瓶底子一样厚，然而，儿子仔细观察每一匹马，没有任何马能够同时符合这三个条件。有一天，儿子走累了，坐在池塘边休息，突然发现有只癞蛤蟆正趴在荷叶上瞪着鼓起来的大眼睛看着他。儿子认真观察，觉得癞蛤蟆的确是额头凸起，眼睛凸起。但是很遗憾，癞蛤蟆的四个蹄子并没有像酒瓶底子一样厚。儿子思来想去：找了这么多，也就这种动物最符合千里马的特征，四个蹄子不像就不像吧，说不定它是千里马中的另类呢！这么想来，儿子高高兴兴地用衣服把癞蛤蟆包裹起来，带着癞蛤蟆回家了。

看到儿子找来的"千里马"，孙阳忍不住哈哈大笑。他问儿子："你找到的这匹千里马能骑着日行千里吗？"儿子看着癞蛤蟆，这才意识到癞蛤蟆根本不能骑，那又算什么千里马呢？儿子羞愧得抓耳挠腮。父亲说："你呀，就算已经把《相马经》倒背如流了，也并没有真正了解《相马经》。这样生搬硬套，是找不到千里马的。"

在这个事例中，儿子为了早日继承父亲的衣钵，成为像父亲一样受人尊重和敬仰的人，所以主动学习《相马经》，而且把《相马经》记得烂熟于心。然而，这样的机械记忆对于学习相马根本没有任何好处，反而有可能由于生搬硬套相马知识，甚至连马到底是什么样子的都忘记了。看完这个故事，也许有些孩子觉得故事情节失真：孙阳的儿子怎么可能连马都不认识呢？的确，孙阳的儿子应该是认识马的。但是，这个故事的本意并不在于验证孙阳的儿子是否真的认识马，而是想要告诉我们，做任何事情，不知变通是行不通的。

在学习的过程中，很多孩子也会犯下生搬硬套的错误，他们要么过分相信书本上的知识，要么过分相信老师所讲授的知识。照搬书本，迷信老师，这些坏习惯对于学习根本没有任何好处。要想在学习上事半功倍，孩子们一定要拥有创新意识。所谓创新意识，就是让孩子充分发挥想象的力量，积极推动自身的成长。创新不但对于孩子的个人发展至关重要，而且对于人类社会的进步，都有着举足轻重的作用。

在学习的过程中，孩子们一定不能生搬硬套书本上的知识，如果总是盲目迷信书本上的知识，那么就无法有效地加工知识，也无法把书本上的知识变成自己的知识，更无法借助知识的力量获得成长。大文豪高尔基说："学习不能只是模仿，否则就没有科学和技术。"这正说明了创新的重要性，也告诉我们，坚持创新，才能不断地成长，才能推动自己和整个时代都不断地向前发展。

拥有创造力，你能不断获得进步

1899年，爱因斯坦还是苏黎世联邦工业大学的学生，跟随大名鼎鼎的数学家闵可夫斯基学习。在经过一段时间的学习之后，爱因斯坦非常迷惘和困惑，不知道人生接下来的路应该怎么走。在这种情况下，爱因斯坦问闵可夫斯基："老师，我虽然喜欢科学，却不知道怎么做才能在科学的道路上有所成就。"闵可夫斯基没有当即回答爱因斯坦的问题，表示要思考一下，再认真回答。

转眼之间，三天的时间过去了，闵可夫斯基带着爱因斯坦来到学校附近的建筑工地上，并且让爱因斯坦踩在建筑工人刚刚铺好的水泥地上。水泥地还未凝固，因此爱因斯坦刚刚站到水泥地上，工人们就马上指责爱因斯坦，并且要求他立刻离开水泥地。爱因斯坦平白无故受到指责，觉得非常委屈，因而问老师："老师，您明明知道水泥地是刚刚做好的，还没有干透，会留下足迹，为何还要让我踩在水泥地上呢？"闵可夫斯基笑着说："当然，我是故意这么做的，因为这就是我给你的答案。你想明白了吗？"爱因斯坦刚被工人斥责，还怒气冲冲的，根本没有静下心来思考老师想要告诉他的答案。闵可夫斯基继续启发爱因斯坦："看看吧，如果踩在已经干透的水泥地上，你很难留下脚印，而唯有在这样还没有干透的水泥地上，你才能轻松地留下脚印。"爱因斯坦恍然大悟，从此之后，他把更多的时间和精力用于全新的领域，因为只有不断地开拓创新，才能在科学的道路上留下自己的足迹。

爱因斯坦领悟到闵可夫斯基对他的启迪，也意识到只有在没有前人走过的道路上，只有在全新的领域，才能留下自己鲜活的脚印。所以他才更加关注从未有人涉足的领域，全心全意开拓新的科学领域。正因如此，爱因斯坦才能在科学领域获得巨大的成功，留下自己深刻的足迹，也给后人留下可以借鉴的科学成果。

一个人，要想青史留名，就必须成为某个领域或者某个行业的佼佼者。否则，总是踩着前人的脚印往前走，很难留下深刻的印记。对于孩子而言，在学习的道路上，最重要的就是不断开拓创新。小时候，孩子也许只是被动地接受各种知识。随着年纪的不断增长，孩子渐渐长大，他们就要以主动思考，勤于创新为主，唯有如此，他们才能开拓自己的学习道路，才能最大限度实现自己的人生理想。在学习创新的过程中，还要勇敢地争取第一。古往今来，人们对于各个领域的佼佼者，尤其是第一名，总是印象深刻。例如，人们记得第一个登上月球的人，知道第一个登上珠穆朗玛峰的人，也记得在奥运会上获得第一名的运动健儿。所以如果能力允许，我们也一定要勇敢地争取第一名，把自己的名字深深地镌刻在历史的长河中。

虽然人人都想争第一，但是能够站在金字塔尖的人毕竟是少数。如果能力限制使我们不能获得第一，那么我们也可以成为自己的第一。所谓成为自己的第一，就是努力发挥自身的能力，让自己比昨天更有进步，这样才能不断地激发自身的潜能，最终能够成为最优秀的自己。

对于创新的理解，不能过于狭隘，也不要总是有太大的局限。打破前人的经验去思考和创造，是创新；突破自我的禁锢和局限，也是创新。对于每个孩子而言，只要拥有创新的意识，形成创新的思考习惯，总是能够不断地奋发向前，就能够有所突破和创新。古今中外，无数的成功人士之所以能够有所成就，就是因为他们始终坚持创新，也能够勇敢地当第一个吃螃蟹的人。成为真正的创新者，孩子们一定会在进步的道路上遥遥领先，快人一步。

每个孩子都要训练一定的应变能力

美国作家海明威很善于写小说，他的《老人与海》更是著名的作品。因此，海明威常常有机会与很多作家聚会。当然，在聚会的过程中，海明威常常遇到棘手的问题，对于他人抛出来的"炸弹"，尽管猝不及防，海明威也并不慌张，他总能随机应变处理好这一切。

有一次，海明威在参加聚会的时候，碰到一位作家。这位作家借助奉承海明威的机会自我吹捧。海明威想方设法地躲开这位作家，但是这位作家总是紧跟着海明威，海明威碍于面子又不好直接拒绝与这位作家交谈，因而只好勉为其难地听着。说着说着，这位作家终于说出了自己的打算，原来他想有机会给海明威写传记。海明威听到作家的这个请求，赶紧委婉地对那位作家说："一般写传记都要等到生命结束之后，既然你想为我写传记，我想我一定要努力多活几年。"那位作家听懂了海明威的拒绝之意，赶紧告别了海明威。

海明威非常机智，所以才能灵活地应对这些突发情况。否则，如果生硬地拒绝作家交谈的请求，则会无形中得罪作家，也导致人际关系恶劣。作家最终说出了自己的想法时，海明威也立即抓住这个机会给予作家明确的暗示。这样的委婉圆融，一则保护了作家的颜面，二则也达到了海明威拒绝的目的，可谓一举两得。

成长是一个十分迅速的过程，很多孩子在成长的过程中，总是感到猝不及防，这是因为他们没有做好心理准备，来面对成长过程中的突发情况。实际上，人生原本就充满无限的可能性，会面临很多不可预测的情况。正如人们常说的，人生是一场没有归途的旅程，也许有很多人对于人生都有预见，但是人生并不会按照人们所预想的那样向前发展。对于孩子，人生同样如此，在成长过程中，他们总是要面对各种各样的意外和突发情况，唯有做好预案，才不会在情况发生的时候感到猝不及防。

每一个孩子的心理承受能力都有限，面对人生中各种糟糕的情况总会感到身心疲惫。然而，笨鸟先飞、未雨绸缪，都可以帮助孩子更好地规划人生，也可以帮助孩子从容地应对人生。最重要的是，孩子内心淡然，才能更加果断理性地面对成长。古往今来，无数成功人士并非因为得到命运的青睐才能获得成功。面对命运的坎坷和挫折，每个人都一定要更加努力，才能在成长的道路上不断地向前。否则，如果遇到小小的困难、坎坷和挫折，立刻想要放弃，则根本无法超越困境获得成功。

当然，要想从容面对人生中的突发情况，最重要的就是培养自己的应变能力。所谓应变能力，指的是当外界的很多事情发生改变的时候，自己能够及时果断地作出正确的反应。如今，整个社会都处于飞速发展之中，一个人如果总是墨守成规，就很难真正地成长起来。正如人们常说的："人生如同逆水行舟，不进则退。"任何情况下，要想在社会上立足，让自己能够从容应对人生中所有的突发情况，就要有意识地提升和完善自己，让自己更加坚定从容。

孩子们要想培养自己的灵活应变能力，可以从以下几个方面做起。首先，要拓宽自己的人生经验，多经历一些事情，或者通过读书开阔自己的眼界。很多孩子之所以在面对突发情况的时候手足无措，就是因为他们缺乏人生经验，也不能在人生的很多临时事件发生的时候，第一时间做出正确反应。所谓不经历无以成经验，每个人都必须亲身经历，才能获得更丰富的经验，更深刻的感悟，才能给予自己切实有效的指引。其次，孩子们还要多参加一些具有难度的活动，尤其是一些具有挑战性的活动，要勇敢地去经历。通常情况下，所谓挑战就是做超出自己能力的事情。人生之中，有很多事情都是突然发生的，不可预期的，当接受挑战的时候，孩子们就有更多的机会遇到突发事件。在挑战的过程中，孩子们也能学会灵活变通，根据自身的情况有区别地对待一切事情。对于孩子们而言，这正是难得的历练，也会让孩子们在见多识广之后，在很多突发情况下，不再犹豫不决。最后，每个人都是社会的一员，都要融入社会生活中，与人友好相处。很多突发情况，发生在人际交往的过程中。在这种情况下，如果孩子能够多多参与集体生活，结识更多的陌生人，在人际交往中解决更多的突发情况，那么他们的应变能力就会大大增强。

总而言之，对于孩子的成长而言，应变能力是必须具备的基本素质。现代社会瞬息万变，日新月异。每个孩子要想成功地主宰人生，让人生更加充实精彩，就要有意识地培养自己的应变能力，同时在生活之中有效地锻炼自己。唯有如此，孩子们才会更加理性从容，也能灵活机智地应对人生中的各种情况。

第 05 章

勤能补拙：
努力坚持走好自己的人生路

无论在学习还是生活中，天赋和才华固然重要，但如果没有后天的努力和勤奋，这些天赋和才华很可能会被浪费。只要足够努力，坚持不懈，就能够克服困难，取得成功。不要担心自己的天赋不足，只要你愿意付出比别人更多的时间和精力，去追求自己的梦想和目标，就一定能够走出一条属于自己的人生道路。

勤能补拙，成才要靠自己的勤奋

陈景润进了图书馆，就像掉进了蜜罐，舍不得离开。每天一早，陈景润吃过早饭，拿着两个馒头和一些咸菜便去了图书馆，在这里坐着看书，中午饿了就拿出馒头和咸菜，边啃边继续看书。

到了晚上，图书馆下班的铃声响起，图书馆管理员大声喊道："下班了，请离开图书馆！"大家纷纷离开，而陈景润仍沉浸在知识的海洋中，完全不受外界的打扰，还在不停地看书。

管理员以为所有人都离开了，于是锁上图书馆的门也回家了。

时间悄悄流逝，天渐渐黑了，陈景润看着窗外，还以为阴了天要下雨了，正准备去开灯，突然意识到已经晚上了。这时他才急了起来，因为他晚上还要回宿舍继续完成昨天没有做完的数学题呢！

正是因为陈景润的勤奋努力，他才能在数学领域不断取得成就，被称为"哥德巴赫猜想第一人"。

古人云："勤能补拙是良训，一分辛苦一分才。"古往今来，大多数有才华的人并非天赋异禀，而是因为他们拥有超强的自制力，能够督促自己保持勤奋努力。他们知道凡事都不能等到明天，必须在今天把该做的事情做完，因为明天还有明天要做的事情。总而言之，只有每天都完成当日的事情，人们才能不断地接近成功。命运只会青睐那些勤奋踏实、努力上进的人。相反，一个人如果总是慵懒懈怠，不愿意付出努力，他最终就会受到命运的惩罚。

不管是对于孩子而言，还是对于成人而言，懒惰都是一种应该改掉的生活习惯。懒惰的人在生活中很难精力充沛地面对一切，他们在遇到小小的困难时就会马上想要放弃，在遇到自己不想做的事情时，还会寻找各种各样的借口，不断地推脱。在这样的过程中，他们越来越懒散，在生活中的表现也越来越糟糕。最终他们不但白白地浪费了时间，让生命悄然地流逝，也让自己在人生中变得越来越被动。

现实生活中，很多孩子都被教育今日事，今日毕，但是在实际的生活中，他们很难做到这一点。很多孩子本身就是慢性子，他们又喜欢拖延，总是把当天要完成的事情推到明天。他们每天都忙着应付各种事情，被时间追赶，却从来不为自己制订明确计划，这样做的结果只能是白白地浪费生命，导致时间悄然流逝。等到人生已经过半，蓦然回首，却发现自己依然一事无成。显而易见，每个人都不想要这样的人生。孩子们一定要从小就养成良好的时间习惯，给自己做好人生规划，做到珍惜时间，绝不拖延。

付出超越常人的努力，你也能够成才

从本质上而言，懒惰虽然并不会对人的生命产生致命的伤害，却始终依附于人而存在，让人陷入温柔的安乐窝中不愿意打破现状，更不愿意持续地努力。懒惰，让人在学习上也变得非常懈怠，甚至连脑子都不愿意转一转，最终变得极其平庸。毋庸置疑，人都是趋利避害的。岁月静好的生活并不能锻炼和提升人，也无法铸就充实的人生。很多时候，岁月静好只会让人在安逸中被麻痹，也会导致人生如同逆水行舟，不进则退。

每个人在努力的过程中都会遇到各种各样的困难，这是难以避免的。在这种情况下，如果一味地努力而忽略了打破自身的局限，不能突破禁锢，这样努力的效果也微乎其微。只有有意识地突破和超越自我，我们才能真正地重新缔造自我，才能在努力之后让自己拥有令人瞩目的成就。

整个世界都在不断地发展和变化，所以唯有保持不断进步，坚持不懈地努力，才能够获得自己梦寐以求的生活和成功。常言道："逆水行舟，不进则退。"当大家都在努力进取的时候，如果一个人安于现状而停滞不前，那么他就会被时代的洪流远远地甩下，甚至被这个社会所彻底淘汰。所以，孩子们一定要扬帆起航，让生命不断地向前，而不是停滞当下。与其羡慕他人的才华，不如激发出自己的潜能，改变命运，这样才能让自己拥有更成功的人生。

不劳而获，不过是白日做梦

高考后，雅丽没有考上心仪的大学，为此她决定复读一年，继续拼搏。父母也很支持雅丽，希望她最终能够考上理想的大学，也能够拥有成功的人生。在父母的支持下，雅丽非常勤奋，虽然暑假到来，但是雅丽没有休息，而是继续学习。她每天天刚亮就起来去上课，直到天黑才回家。就这样，经过一个暑假的努力，雅丽在复读的班级里名列前茅，成为学习上的佼佼者。

和雅丽恰恰相反，同桌小雪也没有考上理想的大学，但是小雪并不想复读，她只想去打工挣钱。在父母的强迫下，小雪不情愿地选择了复读，但是小雪对于学习并不用心，甚至不如以前读高三时那么认真。每当看到雅丽苦读，小雪总是对雅丽说："不上学也有好处，还能早一点挣钱呢，没有必要这么辛苦！如果明年还是考不上大学，咱们一起去打工，那有多好！"雅丽并不赞同，她常常劝说小雪要用心读书，将来才能有好的人生。小雪对雅丽的话也听不进去，就这样，原本学习成绩相差不多的雅丽和小雪在复读的一年时间里，成绩差异巨大，雅丽最终顺利地考上了自己心仪的大学，而小雪连专科都没有考上，最后去外地打工了。

几年之后，雅丽大学毕业选择去一家外企工作，成为一名白领。这个时候，小雪因为在打工的时候表现突出，在公司也被提拔，小雪赚的钱并不比雅丽少。为此，小雪还沾沾自喜地说："我虽然没有读大学，却比雅丽赚得更多。"时间又过去五年，这个时候小雪已经不能与雅丽相比了。雅丽在工作上表现良好，被领导提拔为中层干部。而小雪却被后来的年轻女孩所替代，只能在最普通的岗位上混日子。此时的小雪懊悔不已，却为时晚矣。

人们常说："磨刀不误砍柴工。"对于雅丽而言，她虽然在学习上花费了更多的时间，但是努力提升自己之后，她在人生之中有了更好的发展。相反，小雪为了一时的安逸，为逃避学习宁愿去打工，不但浪费了宝贵的一年时间，而且没有考上理想的大学，虽然最终出去打工赚钱，却因为缺乏知识的储备在职业发展上很吃力。渐渐地，小雪失去发展的后劲，不得不屈服于现实，也开始走人生的下坡路。

每个孩子都应该对自己的人生有详细的规划，也应该意识到学习是给自己加油和充电的过程。只有在学习的过程中不断地努力付出，才有可能在学习上有所成就，才能够为自己铺垫人生。否则，如果在学习上总是三心二意，不愿意努力，那么最终会因为懈怠导致人生发展失去动力，使自己陷入困境和被动之中。

细心的孩子会发现，古往今来每一个有所成就的人，无一不具有勤奋的特质，也许他们并没有出类拔萃的天赋，但是恰恰是勤奋，让他们脱颖而出，也让他们真正实现了出色。伟大的科学家居里夫人曾经说过："只有勤奋的人才能获得成功，而懒惰只会让人与失败纠缠不休。"每个孩子如果都能够严格自律，坚持勤奋，最后他们将踏上成功的道路。大名鼎鼎的爱因斯坦也曾经说过："勤奋是世界上所有成就的催生婆，如果没有勤奋，世界也就没有这么多的成功；如果没有勤奋，每个人都会陷入碌碌无为之中，根本不可能创造个人的成就。"从这个角度而言，每一个孩子都应该更加努力勤奋，把懒惰、放纵赶得远远的。当我们的心灵被积极向上的思想所占据，我们才能够表现出努力积极的行为，才能够让自己变得出类拔萃。

在历史上，有很多伟人尽管天资不高，但都特别勤奋，诸如曾国藩。有一天，曾国藩来到书房里读书，开始背诵一篇文章。他读了很多遍，但是都没有熟练地记忆下来。曾国藩不知道的是，在他来到书房背书之前，有一个窃贼潜入了书房想要行窃。因为曾国藩一直在读书，所以这个窃贼只能躲在房梁上不敢下来。他原本想等到曾国藩背书之后离开再下来行窃的，没想到曾国藩读了很多遍，始终没有把文章背诵下来。为此，曾国藩一直在书房里苦读，窃贼等得着急了，直接从房梁上跳下来，对着曾国藩怒吼："你这么笨，为什么还要读书呢？这篇文章我都可以倒背如流了！"说完，这个窃贼就扬长而去。虽然曾国藩的记忆力不是很好，但是他非常勤奋，最终获得了伟大的成就。那个窃贼可能比曾国藩的记忆力更好，也更聪明，但是他选择错了人生的方向，把勤奋用在了错误的地方，最后穷尽一生也只能成为一个见不得天日的窃贼，没有任何成就，反而为人们所唾弃。

一分努力，一分收获。任何时候，我们都要坚持不懈地努力，才有可能获得成功。也许有些孩子会说，很多时候，即使努力了，也没有收获。的确，努力与收获之间并非成正比。也许努力了，也没有收获，但是如果不努力，就注定了毫无所获。在这种情况下，我们当然要更加努力，才能够逐渐接近成功。

学会合理安排时间，才能提升效率

对每个人而言，时间都是非常重要的。正如大文豪鲁迅先生曾说过："时间是组成生命的材料，浪费别人的时间无异于谋财害命。"其实，每个人既不能浪费别人的时间，也不能浪费自己的时间。人生是一场没有归途的旅行，没有人知道自己的人生终点在何处，因此生命就显得尤其珍贵。在这种情况下，我们更要珍惜宝贵的时光，这样才能够创造人生的价值，才能让自己的生命更加充实。

实际上很多孩子并不理解时间的重要性，很多父母在教育孩子的过程中也往往忽略了对孩子时间意识的培养。实际上，时间意识关系到孩子生活和学习的方方面面。如果孩子能够养成珍惜时间的好习惯，就能够有效地利用时间。在这种情况下，时间当然会有效地推动孩子成长。

孩子为何不懂得管理时间呢？这是因为他们对于时间还没有明晰的概念。成人之所以珍惜时间，恨不得把每一分每一秒都利用起来，这是因为成人已经意识到时间的宝贵，也知道时间是不可倒流的。但是在很多孩子的心目中，时间就像是他们已经玩腻的玩具，可以随时丢掉，丝毫不觉得珍惜。作为孩子，在意识到自己不够珍惜时间之后，就应该积极主动地改变这种心态。时间对于每个人而言都是至关重要的，也是值得珍惜的，每个人都不应该浪费时间，应该珍惜生命。

合理安排时间并非说说就能做到。要想合理安排时间，就要对自己的生活有更加深刻的认识。例如，孩子要意识到自己的生活是由玩耍和学习两部分组成的，此外，每天还要进行日常的活动。这样一来，他们才能够把时间合理分配到这三大板块之中，从而让这三大板块都保证效率高。现在很多父母都望子成龙、望女成凤，恨不得让孩子能够学习突飞猛进。但是，孩子的时间和精力是有限的，而且孩子天生喜欢玩耍。如果要求孩子们把每一分每一秒的时间都用于学习，无异于扼杀了孩子的天性，导致孩子郁郁寡欢。在这种情况下，在给孩子安排学习计划的时候，父母需要考虑到孩子的身心发展特点，安排好孩子的生活作息。

孩子从自身的角度出发，虽然一心只想玩耍，但是少年时代正处于学习的好时机，孩子们需要端正心态，意识到自己的首要任务是学习，并且要平衡好学习与玩耍之间的关系。很多不会管理时间的孩子做事情东一榔头西一棒槌，丝毫没有计划性，导致他们效率非常低下。假如孩子们学会管理时间，那么他们就知道自己每天之中，有哪些事情是必须在固定的时间完成的，哪些事情是可以合理安排和计划的，还有哪些事情是可以暂时不做的。这样一来，他们对于时间的利用率就会大大提升。

总而言之，随着时间管理能力的增强，越来越多的孩子会更加积极地管理自己，也会有效地提升生活和学习的效率。如果说不会管理时间的孩子，每天只有24小时，那么相比之下，会管理时间的孩子就相当于把每天的时间延长到36小时，甚至48小时。当孩子把珍惜时间的概念拓展到整个人生之中，就能够做出更大的成就。需要注意的是，时间管理并非只是管理时间，对于孩子而言，只有真正管理好自己，才能管理好时间。所以与其说是让孩子管理时间，不如说是让孩子管理好自己，这样才有益于孩子成长。

好孩子能抵挡不良诱惑

卡萨尔斯作为一名伟大的音乐天才,他在很小的时候就喜欢演奏大提琴。大提琴的演奏难度是非常高的,但是卡萨尔斯偏偏喜欢大提琴,而且把大提琴演奏得非常娴熟。10岁的时候,卡萨尔斯就能够演奏很多高难度的曲目,他的名气越来越大。15岁那年,卡萨尔斯得到机会进入皇宫演奏。皇后看到卡萨尔斯超高水平的演奏之后,非常器重卡萨尔斯,并且决定资助卡萨尔斯继续学习大提琴。不过,皇后有一个附加条件,那就是要求卡萨尔斯要不定期地进入皇宫,陪伴王子一起成长。

卡萨尔斯尽管很贫穷,也很缺钱,但是他不愿意进入皇宫过奢华的生活,为此他拒绝了皇后的请求。他坚定不移地走好自己的人生之路,为了实现自己的梦想,他就去找大提琴演奏家约克伯学习演奏大提琴。卡萨尔斯费尽周折才找到约克伯,可惜约克伯十分高傲,根本不把卡萨尔斯看在眼里。

看着年纪轻轻的卡萨尔斯,约克伯说了几个超高难度的曲目,让卡萨尔斯演奏。在当时,即使是跟着约克伯学习很久的大提琴手,都难以演奏这些高难度的曲目。显然这些曲目难不倒卡萨尔斯,卡萨尔斯娴熟地演绎了这些曲目,震惊了约克伯。转眼之间,约克伯对卡萨尔斯的态度就发生了巨大的转变,他立即表示愿意无偿教授卡萨尔斯学习大提琴。但是,卡萨尔斯不喜欢约克伯的傲慢，他拒绝了约克伯的好意，决定回到家乡。正在此时，皇后也下令要终止对卡萨尔斯的资助。卡萨尔斯毅然决然地回到巴黎，继续过着贫穷的生活。

不管生活多么艰难，卡萨尔斯始终没有忘记自己的梦想。接二连三的拒绝让他得罪了一些人，使他陷入生存的困境，但是他从没有感到绝望。最终，为了实现自己的音乐梦想，他在一个偏僻的小镇上举办了自己的音乐会，很多热爱音乐的人和演奏大提琴的音乐家都来到现场，聆听他的演奏。

现实生活中，每个人都会面临各种各样的诱惑，而诱惑就像是海水，让人越喝越渴，从而导致人在欲望的深渊中不断地沉沦下去，无法自拔。与此同时，人们还面临着各种欲望的挑战。当欲望无处不在的时候，我们要怎么做，才能够始终坚持初心呢？在这个事例中，卡萨尔斯为我们作出了表率。一个人不能因为受到诱惑，就忘记初心，越是在艰难的处境中，越是要不忘初心，坚持自我，才能始终牢牢把握人生的方向，才能最大限度地激发出自己的潜能，让自己创造生命的辉煌。

做人总要有自己的原则，卡萨尔斯拒绝了皇后的帮助，也拒绝了约克伯教授，最后还拒绝了去国外的友好演出，不得不说，他看似把自己所有的道路都堵死了，但是他在自己的音乐世界里怡然自得。这就是对于本心的坚持，也是对于欲望的抵抗。在现实生活中，孩子们同样也会面临很多诱惑，尤其是当欲望越来越强烈的时候，是坚持到底，还是向诱惑妥协，这是需要认真思考的问题。一个人唯有真正战胜各种诱惑，才能真正地主宰自己，才有机会实现伟大的理想。当明确自己人生的目标，知道自己在人生中想要得到什么，相信每个孩子都能做出正确的选择。

生活中，每个人的追求是不一样的，有的人追求名利，有的人追求金钱。为了满足自己的所求，很多人甚至甘心付出一生的时间或者付出生命的代价，这都是因为受到了欲望的驱使，在诱惑面前完全失去了抵抗力。然而，人要想活得充实而又精彩，最重要的是要知道自己想要怎样的人生，如果没有人生的目标，又如何能够坚持本心，不忘初心呢？孩子们在诱惑面前一定要保持清醒和理智，不要因为诱惑而迷失自我，也不要因为欲望而失去理性。你要知道，这个世界上并非只有名利和金钱值得追求，更多的时候，唯有实现自身的价值，才能够让自己得到快乐。

积累学识，成为有实力的人

爱因斯坦是伟大的科学家，他提出了相对论，在世界的科学发展史上占据着不可替代的重要位置。实际上，和很多伟人一样，他从小并没有表现出天赋异禀，他的天资并不聪颖，甚至略显愚钝。在学校的学习中，爱因斯坦也不是出类拔萃的那一个，他常常会因为表现不够优秀而被老师批评，但是这并不妨碍爱因斯坦继续努力。

爱因斯坦的家人非常明智，面对爱因斯坦在学习和成长上的情况，他们不但没有责备爱因斯坦，反而常常鼓励爱因斯坦。正是在家人的鼓励下，爱因斯坦才能够坚持下去。他很清楚自己没有天赋，在学习上的能力也不够强，但是他总是积极主动地学习新知识，坚持创新。爱因斯坦的兴趣爱好非常广泛，不但会拉小提琴，还精通伦理学和宗教学。

爱因斯坦从未停止学习的脚步，他总是不断努力，再接再厉。16岁那年，爱因斯坦在考试上遭遇挫折和打击，然而，他非但没有自暴自弃，反而更加鼓起信心和勇气，把自己所有的时间和精力都用于学习。那个时候的爱因斯坦坚信，只要他足够努力，就能够成功地改变自己的命运，在学习和成长方面有所收获。然而，爱因斯坦在学校始终成绩平平。直到从苏黎世联邦工艺研究所毕业，爱因斯坦依然没有任何出类拔萃的地方。后来，他开始踏足社会，从事过各种各样的工作。爱因斯坦并没有因任何一份工作而安定下来，他积极地尝试，也始终在努力地寻找，他相信通过自己的努力，一定能够挖掘出的巨大的潜力，从而让自己拥有与众不同的人生。就这样，在毕业后的十几年之后，爱因斯坦确定了他的人生方向是科学研究。就这样，爱因斯坦取得了让人瞩目的成就，成为举世闻名的伟大科学家。

从爱因斯坦年轻时的表现来看，他是很平庸的，没有独特的天赋。然而，爱因斯坦并不因为天资平庸就不再努力，也不认为自己注定只能度过平凡的一生。而是在父母的支持和鼓励下，不断地尝试更多新的领域，培养自己广泛的兴趣爱好。正因为他的不断努力，才在大学毕业后，又工作了十几年的时间，最终在科学研究的领域出类拔萃。

一个人要想获得成功，除了天时地利人和外，还要具备很多方面的条件。很多人都知道蝴蝶破茧成蝶，也知道蝴蝶如果借助于外力的帮助从茧中出来，则很难成活。由此可见，即使是小小的昆虫，也要历经挫折，才能最大限度激发出生命的力量。

每一个孩子都是等待成蝶的茧，也许现在看起来还平凡无奇，但是只要不断地积累，持续地进步，最终能够战胜自我，突破自我，超越自我，成就自我。古往今来每一个有所成就者，并非独具天赋，也不是因为得到命运的善待，而是因为他们能够在苦难中崛起，始终对于命运的磨难怀着隐忍的态度。唯有如此，他们才能在经历蛰伏之后腾飞。量变引起质变，人生中的积累就是量变的过程，而最终的成功就是不折不扣的质变。也许你现在还不够优秀，无法实现人生的梦想，但只要你坚持不懈，在人生中平凡的每一天都心怀梦想，你就能够创造生命的奇迹，也能赢得成功。

第 06 章

从不自满：
谦逊低调让你不断进步

常言道："满招损，谦受益。"一个人可以没有傲气，但是不能没有傲骨。而傲气与傲骨之间，到底如何界定呢？很多孩子误以为傲气就是傲骨，却不知道傲骨是谦虚低调，是不轻易妥协，而傲气却是嚣张跋扈，是绝不低调内敛。孩子唯有保持谦虚低调，才能在人生中取得更大的进步，有更好的发展。

心浮气躁是成长期孩子的通病

有个年轻人大学毕业后很长时间都没有找到合适的工作，在家闲了半年之后，他才靠父母的关系进入一家企业工作。然而，年轻人工作一段时间后觉得非常苦恼，因为这家企业的负责人只给他无关紧要的工作去做，并不器重他。失意的年轻人甚至产生了悲观的想法，他想要辞掉工作，又担心自己会继续闲在家里。如果继续工作，他又觉得兴致索然，根本无法充满激情地把工作做好。

思来想去，年轻人决定四处走走看看，散散心。他来到了一座大山，这座山里有著名的寺庙，寺庙里有得道高僧。年轻人看到高僧，就像抓住救命稻草一般，赶紧向高僧求助："高僧，我很苦恼，不知道该如何走好人生的路，我心怀大志，又没有机会施展自己的才华，我甚至觉得人生根本没意思，活着也没有意义。"

年轻人絮絮叨叨和高僧说了很多，高僧始终面带微笑，用心倾听。直到年轻人把心中的苦水都倾倒出来，高僧才吩咐徒弟："拿一壶温热的水过来，为施主泡茶。"年轻人很纳闷，暗暗思忖："为何要用温热的水泡茶呢？"徒弟把温水送来，高僧在茶杯里放入茶叶，就开始注入温水。温水根本不能把茶叶冲泡开。年轻人提醒高僧："高僧，泡茶要用沸水才好。"高僧笑了，示意年轻人品茶。年轻人喝了一口茶，不由得皱起眉头，说："茶味寡淡。"高僧说："这是铁观音,是好茶。"年轻人还是皱起眉头："的确很寡淡,应该是水的温度不够。"高僧吩咐徒弟："换一壶沸水过来。"徒弟取来沸水,高僧倒掉温水冲泡的茶,又重新放入茶叶,然后加入沸水。在沸水的冲泡下,茶叶上下翻飞,香味扑鼻。高僧再次示意年轻人喝茶,年轻人说："即使不喝,也闻到了满室的茶香,也知道这是好茶。"等到年轻人喝了一口茶,高僧问他："同样的茶叶,施主可知道为何冲泡出来之后,茶的味道截然不同?"年轻人说："因为水温不同,泡茶是要用沸水的。"

高僧对年轻人的回答很满意,说："水的温度不同,茶叶的翻腾和释放出来的香味就不同。沸水能够激发出茶叶所有的味道,而温水只能算作是洗茶,无法渗透茶叶。这与人生是同样的道理,你是想要温吞的人生,还是想在沸水之下,拥有香气弥漫的人生呢?"听完高僧的话,年轻人恍然大悟,当即向高僧道谢。

如果用温水泡茶,顶多算是清洗茶叶,根本无法激发出茶叶所有的香味。只有用沸水冲泡茶叶,让茶叶在沸水之中上下翻滚,茶叶才能被浸透,才能释放出所有的味道。人生也是如此,平安顺遂的人生尽管岁月静好,却不能给予人生更多的收获。而在人生的历练之中,也许人们会感到疲惫,但是自身的能力也不断得到提升,这正是人的成长和成熟。要想拥有如同沸水之中的茶叶一样充实的人生、弥漫的香气,每个人都要坦然迎接人生的起起伏伏,从而在人生的风雨泥泞中,成为最优秀的自己。

和一个做事情脚踏实地、踏踏实实的人相比,心浮气躁的人有什么不同呢?具体而言,心浮气躁的人做事情总是流于形式,常常心不在焉。他们对于事情的了解并不深刻透彻,就急功近利地想要获得成功,却不知道成功不是一蹴而就的,这个世界上没有天上掉馅饼的好事情。因此,他们想要的成功只是一个美好的愿望而已，在急功近利的追求之中，他们常常会把原本能做好的事情搞砸了，导致最终事与愿违。

在成长的过程中，孩子的心浮气躁表现为以下几点：第一点，做事情缺乏耐心和毅力，尤其是在遇到困难的时候，往往不能坚持；第二点，专注力很差，总是三心二意，这山望着那山高；第三点，不能吃苦，只想享福，甚至希望能够不劳而获；第四点，对于人生总是缺乏信心，颓废沮丧，情绪躁动不安，不能做到平静安然；第五点，做事情总是虎头蛇尾，无法保持专一；第六点，不能做到谨言慎行，尤其是在作重大的决定时，情绪冲动，导致不能取得预期的效果，反而会因为冲动而导致事与愿违。当然，孩子的心浮气躁还有很多其他的表现，但以上这六点最具有代表性。

孩子正处于身心快速成长的关键时期，如果他们不能用心地对待外界的一切，总是急迫地渴望成功，最终会使自己陷入被动的局面中，也会把自己逼入死角，导致无法把握和控制人生。现代社会，经济发展迅速，到处都充满了诱惑，每个人都有深深的欲望，因而孩子们一定要培养自己的意志力，这样才能真正主宰人生，而不至于在人生之中随波逐流。

保持低姿态，才能收获更多

各个国家的顶尖人才，都以能够获得诺贝尔奖为毕生追求的目标。中国的莫言获得了诺贝尔文学奖，屠呦呦获得了诺贝尔生理学或医学奖，这不但是他们个人的荣誉，也是整个国家的荣誉，是值得举国欢庆的事情。那么，诺贝尔奖为何与众不同，居然让各个国家的顶尖人才都对这个至高无上的奖项十分重视呢？

诺贝尔本身就是一位伟大的化学家，对人类和整个世界的进步都起到了巨大的推动作用。诺贝尔在科学的道路上创造了很多奇迹，但是他本身谦虚又低调。有一次，瑞典的一家出版社想出版当代名人集，毫无疑问，他们第一时间就想到了诺贝尔，因而想方设法联系上了诺贝尔，并且把想把诺贝尔作为当代名人之首的想法告诉了他。不想，出版社的负责人话音刚落，诺贝尔就连声拒绝："我知道这些书都是非常有趣且有价值的，但是我只是一个普通人，我觉得我还没有资格被列入名人集。"就这样，诺贝尔拒绝了出版社的请求。

诺贝尔的谦虚低调是真正的谦虚低调，这表现在他不仅拒绝了出版社的请求，而且他的哥哥要续写家谱，需要诺贝尔的自传时，诺贝尔也如此形容自己："我是诺贝尔，我很平凡，也很可怜，我出生的时候差点儿死在医生手中。我总是能保持个人卫生，这是我最引以为傲的。但是我的脾气很糟糕，我没有妻子，孤独终老，我只希望自己不要被活埋……"收到这样的自传，哥哥感到啼笑皆非，诺贝尔是他们整个家族最有成就的人，也是举世闻名的科学家，怎么会是自传中描述的样子呢？为此，哥哥当即询问诺贝尔为何不把自传写得更翔实，诺贝尔却说自己的人生只是浩瀚宇宙的沧海一粟，根本没有什么可写的。实际上，诺贝尔为人类和整个世界都作出了伟大的贡献，但是他对于自己的评价总是寥寥数语。

如果一个人知道得很少，他就会感到沾沾自喜，就像井底之蛙从来没有意识到自己生活在井底，反而觉得很满足，也常常对自己有过高的评价；当一个人知道得很多，他就会知道这个世界是很大的，整个宇宙更是无边无界，苍茫浩渺，在这种情况下，他不敢说自己懂得多少，也不认为自己是这个世界不可或缺的，因此他总是能保持谦虚低调的姿态，也始终努力地学习，坚持进步。

很多孩子误以为，保持谦虚低调的姿态，是怯懦的表现，是不敢证明和肯定自己。其实，这种想法是错误的。谦虚低调不是怯懦，而是人生的大智慧，是真正参透人生真谛的人作出的理智选择。宇宙如此浩渺，每个人的人生对于自己而言也许是漫长的，但是对于整个宇宙来说如同白驹过隙。在这种情况下，我们除了努力认真地经营好人生，没有其他选择。

当孩子学会低姿态，也能够以谦虚的姿态对待人生，对待他人时，他们就会有所收敛，决不让所知甚少的自己表现出张狂的样子。谦虚低调还有助于孩子们保持理性，人们常说愤怒会降低人的智商，实际上，骄傲自满也会让人对自己失去客观公正的评价和判断，导致在面对人生中的很多情境时，无法作出理智的选择和决断。

谦虚低调，戒骄戒躁

有一只力气特别大的蚂蚁，它总是轻轻松松就能举起两粒大米，或者是一大块馒头屑，还可以勇敢地与肉滚滚的大青虫进行搏斗。在整个蚁穴中，这只蚂蚁都很出名，很多蚂蚁都对它顶礼膜拜。终于有一天，蚂蚁觉得自己留在蚁穴中简直屈才了，为此，它爬到车夫身上，坐在车夫的帽子上，大摇大摆地进城了。蚂蚁的想法很简单，蚁穴那么小，它要到更广阔的天地里大显身手。

到了城里之后，蚂蚁感到头昏目眩，因为城里的楼那么高，简直都要插入云彩里，城里的车辆那么多，川流不息，让蚂蚁躲闪不及。蚂蚁好不容易来到草丛里，才略微感到安全，因而迫不及待地耍出自己的十八般武艺。让它郁闷的是，尽管草丛不远处只有一只大青虫，还有几只蚂蚁家族的近亲正在悠闲地散步，但是它们对于蚂蚁似乎连看都没看见。后来，蚂蚁一个前空翻，不小心翻到道路上，险些被一只高跟鞋踩死。这下子，蚂蚁再也不敢卖弄，赶紧爬上来时搭乘的车，乖乖地坐到车夫的帽子里回家了。

实际上，蚂蚁太骄傲了，它根本不知道外面的世界有多大，就因为在蚁穴中得到了一些奉承，就过分夸大了自己的实力。现实生活中，一个人如果心高气傲，也会如同这只蚂蚁一样盲目地自信，觉得自己非常了不起，直到走出家门，才知道原来世界这么大，而自己只是不起眼的存在。尤其是孩子，正处于学习和成长的关键时期，一定不要犯过分自大的错误，否则就会对自己评价过高，一旦在经过努力之后达不到自己的预期，内心就会失去平衡，甚至做出冲动的举动。

实际上，很多孩子做出冲动的行为是因为对自己缺乏正确认知，也不能做到谦虚低调。他们总是把自己看得太高，不遗余力地努力，希望实现预期的目标。殊不知，希望越大，失望越大，对于孩子而言，努力是必须的，但是结果是未必能够达到。成功受到很多因素的制约，除了古人所说的天时地利人和，还受到很多因素的影响。既然如此，孩子在成长过程中最重要的不是获得成就，而是能够锤炼自己的意志，让自己的心变得更坚强，也拥有更强大的承受能力。谁的人生会是一帆风顺的呢？只有内心淡然坚定，即使遇到挫折和坎坷，也才能勇敢面对。

古人云："人外有人，天外有天。"这个世界上没有十全十美的人，一个人唯有保持谦虚，时刻都坚持进步，虚心学习，才能最大限度地让自己获得学习的机会，也在学习中收获成就。然而，现实生活中，有很多人都无法看到自己的缺点和不足，而只是一味地强调自己的优点和长处。正如一位名人所说的："一个人如果总是盯着自己的长处看，那么他的短处就只能留给别人去发现。"的确如此。没有任何人是只有优点，而没有缺点的，既然如此，我们在评判自己的时候，既不要妄自菲薄，自轻自贱，也不要妄自尊大，狂妄骄傲。不卑不亢，不仅是对他人应该采取的态度，也是每个人自处的最好态度。

心高气傲的人总是鼻孔朝上，眼睛看着天空，这样昂首阔步地走路，是非常容易出问题的，因为一不留神，也许就会被脚底下的障碍物绊倒，也有可能掉入不知名的黑洞中。所以要想擦亮眼睛，能够对于人生有客观的认知和感悟，我们就要戒骄戒躁，保持谦虚低调。

每个人都是社会的一员，绝不可能独立存在。每个人都是与众不同的生命个体，他们出生的家庭环境，成长的经历、受教育的经历，以及接触的人群等都是不同的。这就导致每个人在成长的过程中会有不同的感悟和收获，也会拥有完全不同的人生。所谓金无足赤，人无完人，就意味着一个人即使能力再强，也不可能面面俱到。最重要就在于，要扬长避短，取长补短，才能最大限度激发出自己的力量，才能真正把握人生，创造属于自己的未来。在为自己的优点而骄傲时，不要忘记这个世界上有比自己更优秀的人；在为自己的缺点而懊丧时，不要忘记自己身上同样有闪光点。一个人唯有既看到自己的优点，也看到自己的缺点，才能客观公正地认知自己，才能最大限度发挥实力，创造辉煌的人生。否则，如果我们过于心高气傲，眼高于顶，把一切都不看在眼里，我们就会盲目骄傲、狂妄自大，并且遭到他人的耻笑。

人生有高峰有低谷，作为普通而又平凡的生命，我们最重要的就是保持谦虚低调的姿态，不要在人生中过于张狂，也不要过分自卑，萎靡不振。

傲慢，并不会让你高人一等

1905年，阿道夫·冯·贝耶尔获得了诺贝尔化学奖。阿道夫获得诺贝尔化学奖并不是偶然，在阿道夫漫长的一生中，他始终坚持研究有机化学，才能取得令人瞩目的成就。在获得诺贝尔奖之后，阿道夫的知名度大大提升，有人说他之所以成功，是因为博学多才，有人说他之所以成功，是因为坚持不懈，也有人说他之所以成功，是因为拥有好运气。对于自己的成功，阿道夫中肯地说："只有谦虚的人才能获得成功，而傲慢的人注定永远与失败相伴。"

阿道夫说出这样的获奖感悟，是有原因的。阿道夫小时候非常骄傲，也很傲慢。十岁生日那天，阿道夫一直等着爸爸妈妈为自己过生日，但是一大早起床之后，因为爸爸要在家里学习，需要安静的环境，所以妈妈早早地带着阿道夫去了姥姥家里。阿道夫没有等来期盼已久的生日庆祝会，在回家的时候非常沮丧。妈妈看出阿道夫的失望，语重心长地对阿道夫说："阿道夫，过生日固然重要，但是爸爸的学习更重要。爸爸已经五十多岁了，还要坚持学习。妈妈希望你也能学习爸爸勤奋的精神，这是我们送给你一生受益的礼物。"妈妈的话让阿道夫心中的乌云散去了，从此之后，他始终坚持学习。

大学期间，阿道夫对于一位只比自己大六岁的老师不够恭敬，爸爸知道之后，狠狠地批评了阿道夫。一开始，阿道夫不以为意，对爸爸说："他只比我大六岁，不能算是真正的老师。"爸爸严肃地说："你以为是否有资格当老师是由年龄决定的吗？爸爸曾经和一位比自己小三十岁的老师学习，而且爸爸很尊重这位老师，因为这位老师年纪轻轻就能取得让人瞩目的成就，是值得尊重的。"阿道夫羞愧地低下头，从此之后，他非常谦虚低调，也能够积极主动地向某些方面比自己强的人学习。正是因为有了这样的精神，阿道夫才能在科学研究的道路上不断进步，取得伟大的成就。

正是因为把谦虚当成一生的座右铭，阿道夫才能取得伟大的成就，获得诺贝尔化学奖。否则，如果阿道夫总是骄傲自满，他如何能够坚持进步，给予自己的人生更多成长的空间呢？古人云："山不在高，有仙则灵，水不在深，有龙则灵。"对于孩子而言，只有坚持努力，才能不断进步。

很多孩子总是容易陷入骄傲自满的情绪中，却不知道骄傲自满是人生的大敌。一个骄傲自满的人很难获得进步，唯有保持谦虚的心态，才能不断学习，不断进步。细心的孩子会发现，古今中外，很多成功者之所以能获得成功，就是因为他们很懂得谦虚低调的道理，也能够秉持"三人行，必有我师焉"的理念，戒骄戒躁，最终获得进步。即使取得了一些成绩，也不会因此而沾沾自喜。很多时候，一时的成功不代表永远的成功，一时的失败也不意味着永远的失败。与其把话说得太满，不如以实际行动来证明自己的实力。尤其是当春风得意马蹄疾的时候，孩子们更要控制好自己的情绪，远离浮躁和张扬，静下心来踏踏实实做好人生中的每一件事情。

常怀空杯心态，人生才能不断进步

有一天上课的时候，教授拿着一个空空的杯子来到教室里。同学们都很奇怪，不知道教授的葫芦里卖的是什么药，全都注视着教授。只见教授拿出一些石块，将其装入杯子里，直到把杯子装满。教授问同学们："现在，你们觉得杯子还能继续装入东西吗？"同学们异口同声地回答："不能！"教授笑了笑，又拿出一些小石子，然后开始往杯子里装入小石子。同学们惊讶地看着教授，这时，教授又说："那么接下来，杯子里还能装入东西吗？"有些同学有了上一次的经验，没有直接回答教授，而是陷入了思考之中，而有些同学觉得杯子里已经装了石块和小石子，肯定不能再装入东西了，就异口同声地回答："不能！"

教授依然对同学们的回答不发表任何意见，而是继续往杯子里装入细小的沙子。果然，沙子很快就沿着石块和石子形成的缝隙流入杯子底部，转眼之间，杯子里又装入了一些沙子。等到教授再次询问同学们杯子里是否还能装入东西时，同学们你看看我，我看看你，谁也不表态。教授又拿出一杯水，缓缓地倒入装满石块、石子和沙子的杯子。很快，杯子中又倒入了半杯水。同学们议论纷纷，都觉得很惊讶。这时，教授才语重心长地告诉同学们："很多时候，你们以为自己已经学到了足够的知识，却不知道自己还需要学习更多知识。每个人都像这个杯子,看起来已经满了,其实还能装入很多不同的东西。所以最重要的在于要常怀空杯心态,这样才能不断地努力上进,抓住各种机会不断充实自己。"

听了教授的教诲,同学们纷纷点头,他们觉得教授说得很有道理,也意识到空杯心态的重要性。

所谓空杯心态,就是不断地清空自己,把自己当成一个杯子,让自己始终保持空白的状态。这样一来,才能不断地学习新的知识。尤其是在学习方面,每个孩子都要保持空杯心态,而不能自以为是地认为自己已经掌握了很多知识,否则如何能做到主动学习呢?

在成长的过程中,孩子们不断地汲取知识的养分,同时也会产生心灵的垃圾。这其实与身体的成长相似,为了给身体提供充足的养分,我们也是在不断地摄入营养,与此同时,也会不断地清理身体的垃圾。除了清理身体的垃圾之外,我们还要定时地清理心灵的垃圾,才能促进对知识的吸收,最大限度地让自己不断学习,坚持进步。

对于每个孩子而言,自满都是成长的最大阻力和绊脚石。当孩子觉得自己已经学到了足够多的知识,而不愿意继续学习的时候,这意味着他们会停止进步,止步不前。每个孩子都要怀着谦虚的心态,不断地清空自己的心灵,保持对学习的热情和动力。众所周知,学校的教学总是环环相扣的,在这种情况下,孩子们为了让自己保持心灵的空间,可以在认真复习当天所学的知识之后,暂时放下旧有的知识,从而腾出心灵的空间和心力,来学习新的知识。千万不要小看暂时放下旧有知识的技能,能够做到这一点的孩子,往往能够心无旁骛、全心全意地学习新知识,所以学习的效果是非常好的,效率也是很高的。从本质上而言，暂时放下旧有的知识，其实也是一种空杯心态，当孩子面对每天的学习都保持着空空的心杯，他们就会像海绵吸水一样，高效地接纳与吸收知识。

尊重他人，不要以貌取人

哈佛大学是世界闻名的高等学府，无数年轻人都以能够进入哈佛大学学习为理想。有一天，哈佛大学来了一对衣着朴素的夫妇，男士穿着价格便宜的西装，女士穿着褪色的棉布衣服。当这对夫妻出现在办公室并且请求见校长时，秘书无论如何也想不通他们与校长之间会有什么关系。

男士很有礼貌地对秘书说："对不起，麻烦您，我们真的需要与校长见面。"秘书心中想着"你们到底和校长能有什么关系呢？"嘴上说着："校长一整天都很忙，他的日程已经排满了。"女士看起来也非常和气，小声说："没关系的，我们可以等到校长忙完。"就这样，他们安静地站在门口等着，眼看着下班的时间就要到了，秘书走到办公室里向校长通报："校长先生，外面有一对夫妇坚持要见您，已经在外面等了几个小时了。"校长听完秘书的话，根本不想接待这对夫妇，但是他要下班就必须经过这对夫妇等待的地方，为此他只能去见一见他们。

见到校长之后，女士似乎见到久违的亲人一般，眼睛里含着泪水告诉校长："校长先生，我们有一个儿子，他是这个世界上最优秀的年轻人。去年，他还在这里读书，今年年初，他却被一场疾病夺去了生命。我们无法忘记他，所以，我们决定为他在这所他热爱的大学里建造一个纪念物，以此缅怀他，也给学校贡献一份微薄的力量。"尽管女士始终眼含热泪，但是校长始终表现出一副不在意的样子，似乎在说："哈佛的学子千千万万，如果每一个学子去世之后都要来建造雕像，岂不是要把所有的地方都占满了吗？"这么想着，校长冷漠地说："对不起，夫人，我们的校园里不允许建造雕塑。"

听到校长的话，男士赶紧补充道："我们不是要建造雕像，我们想为哈佛建造一座大楼，用于缅怀我们的儿子，也造福于其他学生。"校长简直要笑出声来，他当即很不礼貌地说："我们的学校造价高达750万美元，仅凭你们两个人，怎么可能建造一座大楼呢？"听了校长的话，夫妻俩都陷入了沉默，校长如释重负。正当校长认为他们一定会放弃这个想法时，女士对丈夫说："建造一座大学居然只需要750万美元，既然如此，我们完全可以建造一所大学，以我们的儿子来命名啊！"听到这话，校长简直惊掉了下巴。然而，几年之后，加州的斯坦福大学成立，这正是这对夫妇建造的，用于纪念他们最优秀的儿子。

不得不说，这个事例中的秘书和校长，都犯了同样的错误，那就是以貌取人，对人缺乏应有的尊重。每个人都是社会的一员，在这个社会上生存，一定要端正心态，尊重他人，平等对待他人。遗憾的是，现实生活中，很多人都很浮躁，他们既不能尊重他人，也不能摆正自己的位置。在日复一日的浮躁中，渐渐地迷失自我，也失去了在人生中正确的位置。

很多孩子都知道不要以貌取人的道理，然而在真正与他人相处的过程中，仍会犯下以貌取人的错误。在这样的情况下，人与人之间的关系就会变得很糟糕，因为人与人之间的相处都是相互的。所谓种瓜得瓜，种豆得豆，这句话在人际关系中体现得淋漓尽致。一个人，未必要以财富和权势证明自己的成功，而要以自己高贵的灵魂，以自己至高无上的荣誉，真正地收获他人的认可与尊重。

第 **07** 章

勇于担当：
能承担责任说明你长大了

能担得起人生责任的人，才能成为顶天立地的人，才能以挺拔的脊梁支撑起自己的整个人生。孩子一定要从小培养责任心，才能在人生漫长的道路上胜不骄，败不馁，才能从容应对人生的很多坎坷和磨难。

即便你是孩子，也要为自己的行为负责

盖蒂作为石油大亨，他的名字无人不知，无人不晓。很多人只看到了盖蒂的风光和事业上的成功，却不知道盖蒂曾经也有过不良的嗜好，对香烟没有任何抵抗力。

有一次，盖蒂出差的时候路过一个小城市，因为当天在下雨，路况不好，他便临时决定在这个小城市投宿。他找了一个小旅馆住下，因为太疲惫了，他刚刚来到旅馆，躺在床上，就昏昏沉沉地睡着了。这一觉一直睡到半夜才醒来，盖蒂下意识地就去摸床头柜，那里放着他的烟盒。然而，盖蒂摸到烟盒之后心中一紧：烟盒居然是空的，这怎么可能呢？盖蒂认真想了想，才记起自己在入睡前抽了最后一根烟。盖蒂难受极了，他立即穿好衣服，冒着大雨去相隔两个街区的二十四小时营业的便利店购买香烟。正当盖蒂穿好衣服准备出门的时候，他突然站住了，默默地问自己：我这是在做什么？虽然我事业有成，也拥有很多的财富，却成为香烟的奴隶。这是一个陌生的城市，半夜下着瓢泼大雨，我难道为了一根香烟就要不顾生命安危，冒着恶劣的天气去很远的地方购买香烟吗？这么想来，盖蒂似乎下定决心一般，狠狠地揉皱空空的香烟盒，扔到屋角的垃圾桶中。做完这一切，盖蒂觉得非常轻松，有了很大的成就感。他迅速脱掉衣服，回到温暖的被窝，很快就进入了香甜的睡梦。从此之后，盖蒂彻底戒掉了抽烟的坏习惯，再也没有为了想要

抽烟而陷入困窘之中。

一个人如果不能控制自己的欲望，就根本不可能战胜自己，更不可能战胜整个世界。每个孩子都要先约束自己，也要以强大的力量为自己的所作所为负责，才能在各种情况下成为自己的主宰，才能真正把握命运，主宰人生。很多人自诩人生的强者，却总是被各种各样的欲望驱使着，忘却本心。在这样的情况下，人生当然会陷入困境之中，也会因为对自己无能为力而导致人生疲惫。

孩子从呱呱坠地，就开始作为一个独立的生命个体，开启了神奇的人生之旅。孩子在襁褓中时需要在父母的照顾下生存，吃喝拉撒都需要依靠父母无微不至的照顾。随着渐渐成长，孩子的心智越来越成熟，他们要开始学习独立地面对生活和外界的一切，也渐渐地为自己的行为负责。

孩子的成长是以什么为标志的呢？对于孩子而言，并非长得又高又大就算是成熟了，也不是说起话来头头是道就成熟了。真正的成熟，是心智上的成熟，是能够对自己的行为负责。在这种情况下，孩子才能更加理性地面对人生，在人生的岔路口作出正确的选择。

敢于承担责任的人，能获得他人的敬重

华盛顿小时候特别顽皮，对于新鲜的事物，他总是想亲自尝试。有一次，父亲从外面回家，带回来一把锋利的小斧头。华盛顿马上就被这把小斧头吸引住了，他特别想试一试这把斧头是否锋利，到底能用来砍什么东西。不过，父亲还在家里，他只能看着斧头，却不能拿走斧头。好不容易等到父亲离开家，华盛顿灵机一动，想到父亲曾经用大斧头一下子就把一棵粗壮的大树砍倒了，所以他也想试试这把小斧头能不能把一棵小树砍倒。

华盛顿拿着斧头在院子里走来走去，始终没有找到一棵合适的小树。突然，他想起自家后面有一片小树林，当即带着斧头来到树林里。树林的树很多，华盛顿很快就选中了一棵粗细适中的小树。他模仿父亲砍树时候的样子，把斧头高高地举起，等到斧头带着力量落在树干上时，小树应声倒下。华盛顿兴奋不已，暗暗想道：这把小斧头简直太锋利了，一下子就把小树砍倒了。父亲回家之后，发现他最爱的樱桃树已经变成了躺在地上的木头，怒火中烧。他非常气愤，把全家人都问了个遍，当问到华盛顿时，华盛顿虽然看到父亲生气的样子十分害怕，却还是勇敢地承认是自己砍掉了樱桃树。出乎华盛顿的预料，父亲非但没有责骂他，反而亲切地把他揽入怀中，抚摸着他的脑袋说："孩子，你能够勇敢地承担起自己的责任，对于爸爸而言比一百棵樱桃树更加珍贵。"

华盛顿因为拿着小斧头太过兴奋，他一心一意只想赶快验证斧头的威力，却砍掉了爸爸最喜爱的樱桃树。面对父亲的气愤，他没有选择逃避推卸责任，而是勇敢地承认了错误，承担起属于自己的责任，这对于小小年纪的华盛顿而言，是非常可贵的。

一个人唯有承认错误，勇于承担责任，才能赢得他人的尊重。否则，面对责任只想要逃避，则会遭人鄙视和唾弃。案例中，父亲感受到了华盛顿的勇气和力量，所以能够原谅华盛顿，更因为华盛顿是一个勇于承认错误，敢于承担责任的孩子而感到欣慰。

在成长的过程中，孩子们难免会犯各种各样的错误。很多孩子因为担心犯错误之后被责骂和惩罚，所以选择以撒谎的方式拒绝承认错误，逃避责任。殊不知，这对于成长是绝没有好处的，还很容易因此而让自己误入歧途。每个孩子都渴望得到父母的认可与尊重，随着孩子不断地成长，他们的自我意识越来越强，更希望得到父母的平等对待。然而，尊重都是自己争取到的，孩子不能因为自己年纪，就给予自己很多的特权，自己宽容自己，允许自己犯下很多错误。

尊重他人除了在态度上表现出恭敬，更要勇敢地承担自己的责任。孩子以真诚对待父母，也能够勇敢地承担起属于自己的责任，则对于父母而言，就是得到了孩子的尊重。没有人愿意被欺骗，因此，面对人生中的各种错误，孩子们一定要更加勇敢坚定，才能肩负起属于自己的责任，给予他人应有的尊重。很多孩子觉得自己还小，不需要承担责任。然而，承担责任的好习惯要从小培养，才能让自己在关键时刻勇敢地站出来，表现出自己的英勇气概。

好孩子从不为自己的行为找借口

在墨西哥市的体育馆里，夜色如水，在寂静的赛道上，有一个人一瘸一拐地跑着。这个人是来自坦桑尼亚的艾克瓦里，他是代表祖国参加马拉松比赛的。那么，他为何一个人这么艰难地跑着呢？寂静的赛道上空无一人，夜色也渐渐地深沉浓重。仔细看去，艾克瓦里的两条腿上都流着血，鲜血已经浸透了绷带，这让他跑起来更加吃力。从他的面部表情上，可以看出他正在忍受巨大的痛苦。

艾克瓦里不知道，在体育馆的一个角落中，有一双眼睛正在看着他。这个人是格林斯潘。格林斯潘是举世闻名的纪录片制作人，他的镜头曾经记录了很多人的表现。终于，艾克瓦里到达了终点，如释重负般地瘫倒在地上。格林斯潘终于按捺不住心中的好奇，走近艾克瓦里问道："你为何一定要坚持跑完呢？"艾克瓦里用虚弱的声音说："我的国家远在两万公里之外，国家花费了很多财力才把我送到这里来参加比赛，不是让我放弃的。"对于自己的壮举，艾克瓦里没有任何抱怨，也不觉得自己多么伟大，而是把在起跑之后跑完全程作为自己应该承担的责任。

艾克瓦里感动了全世界，他没有为自己找任何理由，也没有对自己进行任何标榜。同样，在决定不能放弃之前，他也没有找任何借口劝说自己放弃。虽然他在比赛结束很久之后才坚持跑完整个比赛，但是他的内心无比强大，赢得了每一个人的尊重和信赖。

现实生活中，很多孩子都喜欢找借口，对于明明应该由他们承担的责任，他们也总是能够找出各种各样的借口，帮助自己逃避责任。其实一切的借口都只能作推卸责任之用，所以不管为何而找的借口，都会导致孩子们面对更多的困境。那么，在责任和借口之间应该如何选择呢？选择借口，推卸责任，固然会很轻松，但是内心会因为刻意逃避而变得更加沉重。大多数孩子在面对问题的时候都会感到非常懊丧，这是因为他们不够自信，认为自己无法承担起所有的责任。实际上，面对责任，不管责任是轻是重，是大是小，都绝不应该放弃。

很多孩子都喜欢看好莱坞大片，尤其喜欢看好莱坞的硬汉的出色表演。这些好莱坞硬汉也是活生生的人，他们不可能永远都轻松地解决问题，也会在各种危急的时候被打得鼻青脸肿，遇到前所未有的危机和困境。在这种情况下，他们没有束手就擒，而是勇敢地激发自身所有的力量，勇往直前，最终战胜敌人。生活虽然不是好莱坞大片，很多时候也许孩子们已经非常努力了，却未必能够完全战胜困难。即使如此，也没有必要觉得懊恼，因为在放弃与失败之中，失败至少能给孩子们经验，这样在下次遇到同样的情况时，孩子们就会距离成功更近一步。

成长的过程中，每个孩子都要面临各种各样的失败，因为成长就是要不断失败。孩子们，不管是在生活中还是在学习中，当遇到各种困境和失败的时候，不要急于为自己找借口，而要花费更多的时间和精力反省自己，看看自己有哪些地方需要改进，哪些地方还可以做得更好。这样的反省，既有助于更快成长，也有助于在成长的过程中坚持进步。例如，当上学迟到的时候，不要说路上堵车了，可以告诉老师下一次一定会起得更早，把堵车的时间预留出来。再如,考试成绩不理想,不要告诉爸爸妈妈自己太粗心了,或者前一天睡得太晚,而要告诉爸爸妈妈自己下一次会更努力。在面对问题的时候,要养成积极解决问题的思路,而不要总是一味地找借口,推卸责任。唯有不断地努力向前,把借口彻底地抛在脑后,让自己无路可退,才能以进步的方式坚持前进和成长。

责任的真谛，是乐于奉献

在一部电影中，有一个大概十岁的男孩失去了母亲，与父亲相依为命，后来父亲又因为在工作中受伤，高位截瘫，完全失去了生活自理能力。男孩没有经济来源，还要照顾卧病在床的父亲，可想而知他的生存处境多么艰难。然而，这个男孩并没有被命运击倒，他每天早晨先起床为父亲做饭，然后奔跑赶到学校上学。家里没钱买菜了，他就放学之后去垃圾桶里捡塑料瓶，再拿到废品收购站去卖。后来，男孩的情况被所在乡镇的救助机构知道，男孩得到了援助。

经济上的支持不能代替男孩照顾父亲，虽然男孩不用为生活费用发愁，但是他依然在奔跑，奔跑在上学的路上，奔跑在回家照顾父亲的路途中。这个坚强的男孩，他一定知道责任的真谛。

大多数孩子都在享受父母无微不至的照顾，这个男孩却已经用瘦弱稚嫩的肩膀支撑起了自己和爸爸的人生。他没有退路，只能勇往直前，他没有依靠，只能依靠自己。他很清楚自己的责任，所以才始终无怨无悔地为爸爸付出，为这个家付出。这就是责任的真谛，只有真正懂得责任意味着什么，才能勇于付出，甘于付出。

一位6岁的加拿大男孩瑞恩从电视节目上得知非洲难民没有水喝，他的心中就萌生出了一个想法，那就是为非洲难民挖井，让他们也能喝上干净的水。为此，瑞恩在几个月的时间里积攒了70元钱，想要捐献给非洲难民挖井，却得知挖掘一口井至少需要700元。对于年仅6岁的瑞恩而言，700元无异于天文数字，但是他并没有放弃这个梦想。后来，在老师和很多热心人士的帮助下，瑞恩开始募捐。此后，瑞恩一直为了这个梦想而持续地努力，直到两年后，瑞恩在非洲的第一口井打好了。也许瑞恩仅凭自己的力量无法让非洲所有的难民都喝上干净的水，但是瑞恩的爱在无数人之中延伸开来，让更多的人知道，非洲需要更多能为难民们提供干净水的井。瑞恩的爱感动了无数人，也唤醒了很多人心底的责任。

责任，是沉甸甸的，当一个人真正肩负起责任，他的肩膀也会扛起更多人的人生和命运。尽管孩子还小，还需要父母照顾，但是孩子也可以有责任心，事例中的瑞恩就以他的实际行动告诉每一个人，孩子也可以肩负起责任，唤醒整个世界的爱。

每个孩子都要懂得奉献，奉献正是爱的真谛。如果一个孩子只知道一味地索取，他就无法肩负起责任。所以在日常生活中，孩子要勇敢地付出和奉献。例如，孩子可以做力所能及的家务，为父母分担责任；孩子可以自力更生完成自己的分内之事，而不过分依赖他人。孩子敢于奉献，也乐于奉献，他们就会更加懂得爱的意义，也知道责任的深刻含义。

曾经有一位名人说过："每个人都有责任，也有使命。"如果说责任是小范围内的，那么使命则涉及更多的人和事情。在第一个事例中，男孩是在承担照顾父亲的责任，而在第二个事例中，瑞恩则是在追求整个世界的和谐，也是在追求内心的满足和精神上的升华。在承担起对非洲难民的大爱时，瑞恩也扛起了一份沉甸甸的责任。不得不说，瑞恩的责任心是很强的，他对于整个世界都怀有博大的爱。作为孩子，我们同样要博爱，从爱身边的人做起，努力地接纳与热爱整个世界。

社会如果没有很多人的奉献，就不会这么幸福、和谐与美好。医生为了救死扶伤，把大部分的时间和精力奉献给了病人；教师为了传递知识，培养一代又一代的孩子，把青春奉献给了三尺讲台；遇到危急的情况时，是人民子弟兵冲锋陷阵在前，把热血奉献给了人民。在《三个火枪手》中，每个火枪手都以"人人为我，我为人人"作为口号，这也是奉献精神的表现。

孩子们也许无法马上就拥有博大的爱心，那么可以先对家人付出爱，先对家庭乐于奉献。在小集体中，孩子们的爱更容易得以彰显，当孩子们学会爱自己，爱身边的人，随着不断地成长，他们爱的覆盖范围就会越来越大，也就能真正地乐于奉献。这对于孩子成长之后融入集体，与其他团队成员团结合作，成为对社会有意义的一分子，将会起到至关重要的作用。

有担当，你才能扛起未来的责任

杰米是一个头脑灵活的人，在他所生活的时代，银行还没有那么普及，杰米从小的梦想就是开办一家银行。为此，经过长期的努力，他终于积攒了一笔钱，实现了自己的梦想。他真的拥有了一家银行，尽管这家银行的规模还很小，但是因为杰米讲究诚信，所以来银行储蓄和借贷的客户也越来越多，杰米的事业逐渐走上了正轨。正当杰米以为一切都会顺利进展下去的时候，一天早晨去银行上班的时候，杰米却看到银行遭遇了窃贼，保险箱被撬开，所有的现金都不翼而飞。

杰米如同遭遇晴天霹雳，根本不知道该怎么做才好，也不知道如何面对这一切。这家小小的银行，可是他多年打拼的结果，眼看着自己的心血就这样付之一炬，杰米不得不宣布破产。按照法律规定，杰米在宣告破产之后，并不需要承担赔偿的责任，然而，杰米主动决定赔偿所有的储户。在此后的日子里，杰米过得非常辛苦，幸运的是，他的妻子和孩子始终坚定不移地陪伴在他的身边。赔偿的过程并不像杰米所想象的那么容易，不管经历多少艰难坎坷，杰米始终没有放弃努力。终于，在经过四十年的努力之后，年逾古稀的杰米终于偿还完最后一个储户的存款，他长吁了一口气。

对于杰米而言，他其实不需要承担这样一份沉重的责任，但是在危机到来的时候，杰米没有退缩，而是勇敢地承担起了这份无比沉重的责任。虽然他用尽一生的时间才履行完这份责任，但是他给自己的孩子和身边所有的人都留下了一笔宝贵的财富，那就是对责任的义无反顾和对责任的坚持不懈。

一个人有责任心，才能承担起属于自己的担子，才能在生活重担的压力下坚持努力奋斗，也坚持以实际行动创造属于自己的美好未来。相反，一个人如果缺乏责任心，就只会不断地推卸责任，在犯错误的时候也不会勇敢承认，最终怯懦地面对人生。孩子们要想成长为顶天立地的人，就要勇敢地承担起属于自己的责任，在责任心的驱使下坚持不懈地奔向人生目标，实现人生的梦想。

人生的道路原本就是漫长的，而且充满崎岖坎坷。在这种情况下，如果没有坚强的精神力量自我支撑，而总是习惯性地放弃，就容易陷入困境之中，也常常会因为缺乏力量而导致人生止步不前。真正有责任心的人，不会轻易地抛弃属于自己的责任，哪怕人生的道路充满崎岖，哪怕距离梦想的实现还很遥远，他们也会坚持跋涉，排除万难地去实现梦想。每个孩子都有美丽的人生之梦，也都身负重任，既然如此，就要从小培养责任心，让自己成为对梦想负责的人，成为对人生负责的人。需要注意的是，真正的责任心并不只是说说那么简单，也不是默默地记在心里就能兑现的。责任就像是一份承诺，要想兑现诺言，更要在行动上有所表现。

如今很多孩子，在父母的无限宠爱和长辈的疼爱与照顾中，从小就娇生惯养。这样的成长是没有养分的，只会导致他们失去自主生活的能力，精神上也变得萎靡不振。随着不断地成长，孩子在心理上越来越成熟，也可以自己主动承担责任，从而历练自己，让自己变得更加坚定勇敢。只有责任心才能支撑着孩子走完漫长而又坎坷崎岖的人生道路，也只有责任心才能让一个人在即使遭遇失败打击的情况下，也依然能够勇往直前，绝不畏缩和放弃。

敢于承担，说明你内心成熟了

里根小时候特别顽皮，每天除了睡觉就是在运动，是个活泼好动的孩子。年少时的里根尤其喜欢踢球，有一次，他在与小伙伴一起踢球的时候，不小心打碎了邻居家的玻璃。在当时，玻璃还很昂贵，小伙伴们都吓得落荒而逃，而作为"罪魁祸首"的里根直接吓傻了，张大嘴巴傻傻地站在那里，一动不动。

邻居听到玻璃碎裂的声音，从房子里跑出来查看情况，里根赶紧向邻居道歉，还把打碎玻璃的经过讲给邻居听。邻居显然很生气，怒气冲冲地对里根说："你这个孩子，一个人在这里踢球干什么？"邻居向里根索要十几美元的赔偿，这个数字对于里根而言无异于天文数字，他只能去向爸爸求助。出乎里根的意料，爸爸直截了当地拒绝了里根的请求，里根感到很无助，不知道自己应该怎么办，他正准备失落地转身离开，爸爸叫住里根，对里根说："虽然我不愿意代替你承担赔偿责任，但是我可以借钱给你先赔偿邻居。借钱的期限是一年，一年之后，你必须把这些钱全部都还给我。"可以渡过眼前的难关，里根还是很高兴的，他立即从爸爸那里拿到十几美元还给邻居，而后开始认真思考如何在一年的时间里挣到这十几美元，到约定期限后还给爸爸。

为了尽快偿还爸爸的欠款，里根根据自己的能力，承接了很多兼职。因为他勤劳肯干，才半年的时间，他就挣到了十几美元，将其还给了爸爸。里根事后回想起当时的情形，他说："虽然我当时有些怨恨爸爸，觉得爸爸实在是太小气了，连帮我赔偿玻璃都不愿意。但是现在我理解了爸爸的良苦用心，原来爸爸是想用这件事情告诉我什么是责任，也告诉我必须承担起自己的责任。"在爸爸用心的教育之下，里根小小年纪就深刻意识到了责任的含义，也在责任的驱使下不断地学习和进步，最终在历史上留下了浓墨重彩的一笔。

11岁的孩子犯了错误，很多父母都会毫不犹豫地替孩子承担责任，而根本不会向孩子追究。这样的全盘包办和代劳，使孩子们根本不懂得责任的含义。而在爸爸的"冷漠无情"之下，里根想方设法地承担起了责任，也深刻理解了责任的意义。这样的教育看似很残酷，实际上却能触动孩子的心灵，让孩子在切实承担责任的过程中，真正成长起来。

孩子长大的标志是什么？有人说，孩子长到一定的年龄，就是成人了；有人说，孩子只有达到一定的身高，变得更加强壮，才是长大了；也有人说，孩子必须完成学业，才是长大了；还有人说，孩子必须结婚生子，才算是真正长大了……每个人对于孩子的成长都有自己的评价标准，实际上，孩子是否长大，并不是以年龄、身高以及是否结婚为标准的，而要看孩子是否懂得承担责任，能否勇敢地承担责任。只有勇于承担责任，才是真正长大了，才能在人生的道路上担负起沉甸甸的责任，对自己和他人负责。

父母总是盼望着孩子快快长大，当看到孩子勇敢承担责任的那一刻，父母是欣慰的；同样，孩子也总是希望自己快快长大，然而长大并不只是长高了，变得强壮了，而是内心坚定，能够承担起责任。成长，从来不是轻而易举的事情，成长总是要付出一定的代价。每个孩子在成长的过程中都要学会负责，都要付出更多，也要承担更多的痛苦、磨难，经历无数的坎坷和挫折，而这恰恰就是成长的代价，就是每个人必然经历的过程。

我们要避免孩子因为小就无须承担责任的误区。每个人既然来到这个世界上，享受生命的馈赠，就同时要承担起各种各样的责任。孩子们一定要不断地成长，在人生的道路上砥砺前行，才能坚持奋进，即使面对失败也绝不气馁，满怀信心，勇往直前。要想承担起责任，除了不畏惧失败之外，还要保持坚定不移的自信。美国大名鼎鼎的前总统林肯曾经说过："一个人要想成长，必须学会负责，一个人唯有不断地磨炼自己，才能真正强大起来。"为了培养独立自主的优秀品格，孩子们还应该坚持自己的事情自己做，给予自己更加广阔的成长空间。要知道，孩子如果始终沉浸在父母的溺爱中，他们就无法真正地成长。孩子要想拥有更强的独立生存能力，要想让自己真正强大起来，就要坚持自己的事情自己做，哪怕因为失败而吃一些苦头。只有不断尝试，孩子们的能力才能不断发展，孩子才能获得真正的成长和进步。

第 08 章

自立自强：
总是依赖他人的孩子长不大

现代社会，生活节奏越来越快，工作压力越来越大，每个人要想更好地生存，就必须自立自强。尤其是孩子，如果养成凡事都依赖父母的坏习惯，他们渐渐地就会失去独立自主的能力，人生也会萎靡不振。明智的孩子知道成长的本质，知道必须依靠自己，才能走好人生之路，在人生中有出色的表现。

你要战胜自我，主宰人生

罗斯福是一个非常坚强的人，他总是勇敢地与命运抗争。小时候，罗斯福很胆怯，每当在课堂上被老师提问的时候，他需要深深地呼吸，才能平复内心的紧张。有时老师要求他背诵课文，他还会嘴唇发抖，说起话来结结巴巴，脸上总是颓废沮丧。罗斯福为何会这样呢？原来，他的牙齿长得很难看，因此他一直很自卑，无法自信地面对发言这件事情。罗斯福不止一次遭到小伙伴们的嘲笑。但是他并没有因此气馁，总是咬紧牙关，努力战胜内心的恐惧。

后来，罗斯福走上政治之路，正当他准备在政治道路上大显身手的时候，却发生了意外。原来，罗斯福在一次扑救山火之后，跳入河水中游泳，很快就出现身体麻痹的情况，最终被医生诊断为小儿麻痹症。最初，罗斯福的病非常严重，他甚至不能站起来。罗斯福也曾经感到绝望，但是他意识到自己只能坚强面对。后来，他以顽强的意志力开始了康复锻炼，坐在轮椅上再次走入仕途，开始参与总统竞选。身体上的残疾并没有把罗斯福击倒，他甚至更加坚强勇敢，努力地面对人生的困境。最终，他成功当选美国总统，也凭着顽强和毅力，成为美国历史上最伟大的总统之一。

面对着身体的缺陷，罗斯福尽管感到绝望，但是能够以决心和毅力战胜身体的残缺，选择勇敢地站起来，突破和超越自己，重新塑造自己。在与命运抗争的过程中，他越来越坚强，也最终能够战胜厄运，战胜自我，拥有更加充实成功的人生。

在成长的过程中，没有人会顺遂如意，命运总是捉弄人，给人设置各种各样的障碍。真正的人生强者，从不奢求人生是一帆风顺的，而是在面对人生困境的时候，能够始终怀着积极的信心，乐观地面对这一切。当然，成长是漫长的过程，并不只有孩子需要成长，很多成人也同样需要成长。由此可见，不管是孩子还是成人，在面对人生的时候都要积极，才能百折不挠，勇往直前。

孩子在成长的过程中需要不断地历练自己，凡事都依靠自己，才能让自己更加理性勇敢，真正强大起来。尤其是对于青春期孩子而言，身心正处于快速发展的关键时期，更要有意识地锻炼自己，才能快速成长。当然，孩子因为年龄的限制，人生经验有限，为了帮助自己快速成长，孩子还可以勇敢地去尝试，努力做好人生中的各种事情，也要不断地挑战和超越自己。总而言之，没有任何成长是一蹴而就的，每个孩子在人生之中都要经历更多，才能不断地超越自我，才能最终成就充实而又成功的人生。

越是饱经生活磨难的孩子，越是能够在生活的困境中崛起，他们从不会蒙混过日子，而是非常努力地生活，也绝不轻易放弃。在成长的过程中，孩子坦然面对人生的坎坷磨难，从容应对人生的风风雨雨，他们就会渐渐地成长起来，让自己的内心变得更加强大。相反，如果总是在平顺的环境中成长，很少经受风雨和挫折，他们就会失去生命的斗志和勇气，在生命的磨难中意志消沉，常常情不自禁地想要放弃，或者自暴自弃。这样的孩子或许身体强壮，但是他们的心灵是非常脆弱的。宝剑锋从磨砺出，梅花香自苦寒来。孩子们在成长过程中也必须经历风雨，才能拥有如同野草一般强韧的生命力。

对于每一个孩子而言，不管学习成绩是否出类拔萃，也不管是否出生在优越富裕的家庭中，都应该努力提升和完善自己，增强自己的实力，这样才能够战胜逆境，也让自己拥有坚定不移的顽强信念和不屈的毅力。如果孩子们想要改变命运，首先就要改变心态。命运从来都是反复无常的，它不会偏袒任何人，有的时候还会把人推入糟糕的境遇之中，让人无法应对。只有微笑着面对厄运的人，只有能够强有力地扼住命运咽喉的人，才能真正地战胜厄运，主宰人生。

除了要改变心态，端正人生态度，孩子们要想变得更强大，还应该学会面对失败。没有人能够在一生之中始终成功，当遭遇失败的时候，如何面对失败往往决定了孩子将会拥有怎样的人生。能够从失败中汲取经验和教训，激励自己不断努力的孩子往往更容易获得成功，这是因为他们拥有强大的力量。相反，如果面对失败就一蹶不振，甚至彻底放弃，这样的孩子不可能获得成功，因为他们总是不够坚强，自然也就无法踏着人生的荆棘勇往直前。

自立自强，好孩子绝不依赖他人

随着社会的发民展，物质水平不断提高，现在的孩子是真正地集万千宠爱于一身，在家中的地位就像天之骄子一样。他们从一出生就被父母和长辈无微不至地照顾，习惯了生活的顺遂如意，因而难以承受打击，甚至无法独立生活。然而，无论父母如何疼爱孩子，都不可能伴随孩子走过一生。随着渐渐长大，孩子终究要独自面对这个世界，一个人面对人生的风风雨雨和坎坷挫折。明智的父母会把握好对孩子的爱，而不是一味地溺爱孩子。从本质上而言，父母对孩子的溺爱实际上是对孩子的害，真正爱孩子的父母知道，孩子终究要走出家庭，要羽翼丰满地去面对属于自己的人生，因而他们会有意识地锻炼孩子独立自主的能力，也会保持孩子独特的个性。一个被父母宠爱大的孩子，独立生活的能力是很差的。只有习惯于坚持自我、有主见、有独立性的孩子，才能在社会中更好地生存。因此，父母要以更理智的方式爱孩子，这样才能帮助孩子健康成长。

当孩子特别依赖别人的时候，就意味着他们对于自己的一切事情都不能独立自主，这样一来，他们必然无法形成独立的人格。在依赖心理的驱使下，他们还会缺乏自信，不管做什么事情都不愿意独立思考，而是希望从他人那里得到参考和建议。在现实生活中，这样的孩子总是缺乏主见，他们不愿意作出独立的判断，而总是愿意听从他人的意见，不假思索地采纳他人或对或错的建议，不知不觉中就形成依赖心理。这样长大之后，孩子会变得优柔寡断。那么，当父母渐渐老去，没有人再为他们遮风挡雨，没有人再遇到任何事情都为他们提供中肯的参考意见时，他们又该如何选择和决策呢？

对于孩子来说，当发现自己的依赖性特别强，缺乏主见时，就总是会情不自禁地想要和有主见的孩子交朋友，希望这些孩子能为他们提供依靠。然而，不管是父母还是朋友，都无法陪伴孩子一辈子，也不可能任何事情都代替孩子作出决定和选择。所以对于孩子而言，最重要的在于增强自己的独立自主能力，而不是依赖他人。否则一旦失去可以依赖和信任的人，他们也就失去了对生活的主宰能力。依赖性强的孩子还会缺乏责任心，他们不能勇敢地承担属于自己的责任和义务，遇到小小的困难就会退缩躲避。实际上，这对孩子的一生都会有负面的影响。

那么，如何才能避免孩子形成依赖性呢？这也给父母提出了更高的教养要求。很多父母以为教养孩子就是给孩子吃喝拉撒，就是满足孩子的一切需求。其实，这样的父母只能算是勉强合格的父母。对于孩子而言，他们需要满足的不仅是生理需求，还有心理健康发展的需求。细心的人会发现，很多父母在教育孩子的过程中总是全盘包办，不管孩子遇到什么问题，他们都帮助孩子处理好。这样一来，孩子就处于衣食无忧的生活环境中，自然很难有独立性的发展。当父母有意识地让孩子承担他应该承担的责任，渐渐地，孩子就会意识到他必须处理好自己的很多事情，才能够让人生顺利进行下去。当孩子不得不承受严重的后果时，他们就会更加意识到果断抉择的重要性。这样一来，他们自然能够在人生中有好的发展。

父母一定要多向孩子灌输独立自主的思想意识，很多父母因为孩子太过有主见，也会感到很懊恼，因为他们希望拥有一个非常乖巧的孩子，却不知道这种"乖巧"对于孩子的成长而言是非常糟糕的。大多数依赖性强的孩子都很自卑，甚至缺乏自信，他们在面对一些容易作出选择的事情时，也常常优柔寡断，无法作出选择，所以父母对孩子最好的爱，就是放手，只有在适当的时候放手，才能让孩子及时发展自身的能力，才能够让孩子成为独立自主的个体。

真正的强大，是先做到自强

初中毕业后，因为家境贫困，华罗庚退学回到家里，和父亲一起经营家里的小生意。在忙着服务顾客的同时，华罗庚没有忘记坚持自学。工作之余，他每天苦读，渐渐地，他的身体越来越吃不消，最终居然染上了严重的伤寒，危及生命。靠着顽强的生命力，华罗庚半年之后终于战胜伤寒，但是他的左腿因此终身残疾了。

当时，华罗庚只有19岁，但是他没有被这个沉重的打击击垮，相反，他想起很多古今中外的伟人都是在饱经磨难之后才勇敢崛起，创造奇迹的。为此，他暗暗鼓励自己一定不能自暴自弃，而要用头脑弥补左腿的残疾，让自己成为有价值、有意义的人。就这样，华罗庚勇敢地站了起来，他拄着拐杖，白天继续和父亲一起打点家里的小生意，晚上则点着煤油灯自学到深夜，甚至是凌晨。1930年，华罗庚在科学杂志上发表了一篇论文，引起了清华大学数学系主任熊庆来教授的注意。熊庆来教授很爱惜有才华的青年，为此找机会把华罗庚招募到清华大学当助理员。到清华大学后，华罗庚的学习条件得到很大的改善，他白天工作，晚上学习，在浓厚的学术氛围中，他的学术能力很快就取得了突飞猛进的发展。

如果华罗庚因为小小的挫折就放弃努力，那么他就不可能取得后来的成就。正是因为他在一切的打击和磨难面前始终坚持不懈，所以才能够最终战胜命运。他虽然身体残疾了，但是他的心灵却无比强大，因此他有足够的力量面对人生，也能在生命的历程中创造令人瞩目的伟大成就。

有人认为人生是漫长的，漫长得看不到终点；有人却认为人生如同白驹过隙，转眼即逝。归根结底，人生是一场没有归途的旅程，没有人知道人生的终点在哪里，也没有人能够买到人生的回程票。一个人要想度过充实、无怨无悔的一生，就一定要抓住青春年华，这样才能够在有限的生命中创造自己的价值，证明自己存在的意义，从而给人生更好的交代。反之，如果总是怀着游戏人生的态度肆意挥霍宝贵的时间，那么这个人必将被社会所淘汰，也导致人生碌碌无为。

孩子一定要从小培养成为自己人生主宰的意识，这样才能够驾驭人生，成为人生真正的主人，也才能有效地创造自己生存的价值。反之，孩子就只能成为人生的奴隶，导致自己在人生之中碌碌无为，无法做出有意义的事情。真正拥有自信的孩子才能不断地强大起来。否则，当孩子陷入自卑的负面情绪，就会对自己的未来失去信心，人生目标变得模糊，也失去明确的方向。

人生不如意十之八九，对于每个人而言，生活从来都不是一帆风顺的。尤其是对于孩子来说，他们正处于成长的关键时期，更容易遇到各种各样的坎坷和挫折。在这种情况下，不要因为人生多磨难，就对人生失去信心。要知道失败是成功之母，真正伟大的强者，能够将失败作为阶梯，不断地向上攀登。否则，如果总是一味地陷入失败的困境中无法自拔，那么就会沉沦下去。其实人生又何尝不像是攀登山峰呢，要想到达顶峰，就必须非常努力，踩着绵延不断的阶梯，努力向上，在没有路的时候甚至要手脚并用，抓住荆棘往上攀爬。在人生的长途跋涉中，每个孩子都要坚持不懈，不要被一时的软弱打倒，想想吧，就连蜗牛还背着沉重的壳不断地向上，更何况是勇敢坚强的孩子们呢？真正的强大是自立自强，是在遇到任何苦难和打击的时候，都决不放弃努力，不到最后一刻绝不轻言失败；真正的强大，是一种来自内心的力量，能够支撑每一个生命足够坚强和坚持。

靠自己的努力，打造精彩的人生

很多人都不理解王强出身优越，为何要从事二手房经纪工作。二手房经纪行业是非常辛苦的，很多家里没有背景，经济状况也很差的年轻人，为了改变命运，往往会从事这个行业，想靠着辛苦的付出和拼搏改变人生。从事这份工作，不管是寒冬腊月，还是盛夏酷暑，都要出门跑业务，带着客户四处看房。一个夏天过去，从业人员经历了暴晒，变得跟黑炭一样。因此大家不理解王强为何要从事这份行业，毕竟王强家里的经济条件很好，而且他是独生子，他按理来完全可以在大学毕业到家族企业工作，根本无须吃这份苦。

每当被人问起这个问题，王强总是解释："虽然我的父母有企业，但是他们正当壮年，可以自己打理企业。我才刚刚大学毕业，需要学习的东西还很多，我想在外面开创属于自己的事业，证明自己的能力。说不定我经过一番努力，还能做出比父母更大的事业呢！"听到王强的这样一番解释，很多人都对他竖起了大拇指。

的确，王强说得很有道理，没有人规定孩子只能靠着父母生存，也没有人规定孩子只能继承家族企业。为了证明自己的实力，也证明自己可以自力更生创造充实的人生，很多人哪怕有资本啃老，也愿意以自己的努力开拓人生。总而言之，人生的成功从来不是一蹴而就的，只有不懈地努力，才能坚持进步，获得成功。

孩子即使还小，也要端正自己的人生态度，积极地努力进取，为人生创造更多的可能性。对于孩子而言，越是处于人生的学习阶段，越是应该努力向上，积极进取，抓住人生成长的关键时期，不断地提升和完善自己，让自己真正强大起来。

现实生活中，还有很多孩子总是过分依赖他人，不仅在生活上需要他人的照顾，而且在心理上特别依赖他人。当面临人生选择时，他们总是犹豫不决，不能果断作出选择，长此以往，他们必然会陷入困境之中，也会因为迟疑不定失去很多宝贵的机会。

机遇，对于每个人而言都是至关重要的。如果孩子们不能积极地抓住人生的机遇，不能主动提升自我，就无法抓住千载难逢、转瞬即逝的好机会。孩子们要想成就自我，拥有充实的人生，靠着自己的努力活得精彩，就要抓住人生中的各种机会，当面对人生中的各种难题时，做到坚决果断，决不退缩。

如果孩子要想提升自我，要想在人生中勇往直前，就要努力做好以下几点。首先，要有充分的自信。在生命的历程中，作为社会的一员，很多人都会有与他人意见相左的时候，在这种情况下，如果自己已经思虑周全，就要坚定不移地相信自己的选择，不要随意地动摇，或者不假思索地采纳他人的意见。其次，要敢于坚定不移走好自己的路，哪怕遇到他人的干涉，也绝不改变。只要足够坚持，就能有所收获，也会在人生的道路上更加坚定不移，勇往直前。再次，做好自己力所能及的事情，也勇敢地做出自己的选择，而不是迷信他人。当觉得他人有错误时，应勇敢地否定他人，坚持自己的主见，在这种情况下，也许自己的选择未必正确，也许你将因此而承担后果，但每个孩子正是在这样的经历中才能不断地成长，也最终走到人生的辉煌。

最后，尤其是在遇到难题的关键时刻，一定不要盲目地寻求帮助。很多缺乏自信的孩子在危急时刻宁愿听从他人的建议，也不愿意积极主动地做出自己的选择，这其实是他们害怕承担责任。实际上，不管决定是谁做出的，最终每个人都要承担起属于自己的担子，也必须坚定不移地走好属于自己的人生之路。既然如此，与其被动地行走人生之路，不如主动一些，在人生的道路上奔跑起来，说不定还能发现不一样的风景。

总而言之，没有人的成长是一蹴而就的，也没有人的成长是一帆风顺的，既然笑着也是一天，哭着也是一天，我们就要笑着度过人生的每一天，在人生的道路上砥砺前行，遇到任何磨难都绝不放弃。内心坚定不移，我们才能真正变得强大起来，才能创造属于自己的成功和美好的未来。

第 09 章

积极乐观：
有好心态才有美好人生

要想拥有幸福快乐的人生，乐观的态度必不可少。人们常说，心若改变，整个世界也随之改变。也有人说，每个人眼中的世界，正是世界呈现在他们心中的样子。既然如此，每个人只有拥有积极乐观的心，才能看到美好的世界，才能拥有积极向上的人生。

学会放下，把握当下

王思是一个工作能力很强的人，不仅自己的任务总是能做得十分出色，还经常力所能及地帮助别人。但是，他最大的问题在于，他看待事情总是十分消极，也常常为了生活中不值一提的小事儿而陷入悲观。

有一次，王思辅助同事整理一份重要的材料，他不仅认真对待这份工作，也努力做好自己的本职工作。然而，这份材料还是出现了疏漏，受到了领导的批评。为什么自己当时没有认真检查材料呢？是自己的帮忙导致了这次失误吗？王思陷入了深深的苦闷之中，常常陷入苦思冥想中，却始终没有找到问题的答案。

家人看到王思每天如此消沉，想要找个方法开导他。一天，家人当着王思的面把一瓶牛奶狠狠地摔碎在地上。王思不知道家人的用意，感到十分惊讶，疑惑地问："这是做什么？"家人指着流淌了一地的牛奶说："看看吧，牛奶已经掉在地上了，无论你多么伤心懊恼，这些牛奶都无法复原。如果你想喝牛奶，只能重新拿一瓶，而这一瓶已经无法挽回，一去不返了。"听着家人的话，王思恍然顿悟：如果人生始终在为打翻的牛奶哭泣，又如何能够一往无前地面对未来呢？从此之后，王思再也不为已经发生的事情懊恼，而是努力向前看，也打起精神来应对人生中很多的糟糕情况。

泰戈尔曾经说过："如果你因为错过太阳而始终在哭泣，那么你终究错过美丽的群星。"每个人在人生之中都既有得意，也会经历很多的失意。与其为了错过什么而不断地懊恼，把眼下正在经历的人生也耽误了，不如积极主动地面对人生，勇敢地把握当下，这样至少能够及时止损，也能够擦干泪水，在人生的道路上继续前行。

有人说："人生有三天，昨天、今天和明天。"的确如此，昨天已经过去，成为不可挽回的历史，明天还未到来，完全是未知的。在这种情况下，与其为了已经成为历史且无法更改的昨日而烦恼，不如勇敢地把握当下，为幸福美好的明天打下基础。无数个昨天都是今日的流逝，无数个明天都要依靠今天去奠定基础，由此可见在这人生的三天之中，只有今天才是我们能够真正把握的。既然如此，我们就要活在当下，积极努力地面对人生，才能最大限度打开心扉，激发出生命所有的力量，给予生命最美好的未来。

孩子们，你们是否因为自己的无意之错而懊丧呢？你们是否因为陷入后悔之中而错失了把握在手中的机会，导致原本可以做好的事情更加糟糕？你们是否因为发生过的遗憾，而连美好的明天都渐行渐远？如果你们也曾经有过这样的情况，那么从现在开始就努力地调整好心态，让自己积极阳光，活在当下，也迎接未来吧！面对已经打翻的牛奶，也许会有一刹那的心疼，但不能长久地陷入这样的负面情绪之中。唯有积极地擦干眼泪，继续再接再厉，我们才能真正成就自我。人生短暂，是经不起浪费的。

对于孩子而言，要想不为打翻的牛奶哭泣，要想积极地面对人生和未来，首先要满怀自信。诗仙李白曾经说过："天生我材必有用。"每个孩子既不能妄自尊大，也不能妄自菲薄，唯有最大限度激发出生命的力量，给自己的人生创造更多的可能性，才能拥有充实而成功的人生。否则总是在人生之中不停地抱怨，愁眉苦脸地面对人生，最终只会错过人生中的好机会，也会陷入被动的境遇之中。在鲁迅的小说《祝福》中，人们原本对于祥林嫂的悲惨遭遇都满怀同情，也能够耐心地倾听祥林嫂的倾诉。然而随着祥林嫂倾诉的次数越来越多，人们对于祥林嫂也越来越不耐烦，对祥林嫂的同情也变为了厌烦。这个世界始终处于变化之中，逆水行舟，不进则退。所以，人人都要与时俱进，才能最大限度激发生命的力量，既让自己摆脱不堪回首的过去，也让自己能够从失败中汲取经验，真正把握人生。

常言道："人贵有自知之明。"自知之明并不意味着人一定要一味地谦虚，也不是要一味地陷入懊丧之中无法自拔，而是要客观公正地认识自己，也要适度评价和正确衡量自身的能力。不自信的人不会全力以赴奔向人生的目标，而过于骄傲自大的人也常常因为高估自己而陷入尴尬的处境。唯有切实中肯地评价自己，才能充分发挥自身的能力，也以最佳的态度自处。人生从来不是顺遂如意的，当他人的人生那么顺利，而自己的人生却总是遭遇坎坷挫折时，不要抱怨，因为当你走过坎坷泥泞，就会迎来人生的春天。当在人生中春风得意的时候，不要沾沾自喜，更不要得意忘形，唯有不忘乎所以，每个人才能最大限度地提升和完善自己，也让自己在人生的道路上披荆斩棘勇往直前。

保持微笑，是一种让自己快乐的方法

几十年前，在美国纽约，有个小男孩因病离开了人世，他的生命永远停留在了16岁。所有认识这个男孩的人，都为男孩的离世而悲痛，但是他们也都牢记着男孩的笑容。因为笑容和积极乐观的精神，男孩始终活在他们的心中，从来不曾离去。

男孩叫奥拓，是一名初中生。奥拓从小就很喜欢运动，进入初中之后，更是如愿以偿地加入了学校的足球队，成为主力队员。在奥拓的带领下，整个足球队都表现出火一般的热情，为学校赢得了很多荣誉。一天，奥拓突然觉得自己的左腿非常疼痛，有时候这种疼痛简直是钻心的，让他无法忍受。一开始，父母以为奥拓是因为过度运动，导致腿部太过疲劳。没想到在去医院检查之后，才发现奥拓患上了骨癌。为了保全性命，奥拓接受了截肢手术，同学们都为奥拓感到惋惜，因为他再也不能踢球了。奥拓却乐观地说："失去了一条腿，但是命保住了，我还是赚了。"后来，奥拓申请成为足球队的后勤人员，教练答应了他的请求。此后，每当有足球训练或者比赛的时候，奥拓总是非常积极地提前到达赛场，为队友们做好准备工作，随时准备为他们服务。

当大家都以为奥拓能继续留在赛场上时，却发现奥拓缺席了一场重要的比赛。大家都很纳闷，不知道奥拓为何没有来到赛场上。比赛一结束，大家就找到教练打听消息，这才知道奥拓的癌症复发了，已经扩散到全身。大家都赶到医院里看望奥拓，奥拓脸色苍白地躺在病床上，依然笑着对大家说："没关系，我很快就会回去的。"但是，奥拓的病情并没有好转，他对着来看自己的队友和同学们，勉强笑着说："我爱你们，我会永远和你们在一起的。"几天之后，才16岁的奥拓离开了人世，每一个人认识他的人都深深地记住了他，也以曾经与他相伴为骄傲。

奥拓才16岁，却身患绝症，失去了自己的一条左腿，接着又失去了宝贵的生命。面对突如其来的打击，奥拓始终坚强地微笑着，不向命运屈服，也把自己的力量传递给了身边的每一个人。当厄运来袭的时候，笑着也是走过人生的最后一段路，哭着也是走过人生的最后一段路，那么我们是选择微笑还是哭泣呢？既然结果不能改变，我们不如笑着面对人生，燃起自己心中的希望之光，也为他人带来温暖。

很多事情并不是努力了就有结果，就能改变命运。有些事情即使努力去改变，拼尽全力地去做，也只能是获得内心的无怨无悔而已。既然如此，是放弃，还是顽强地坚持到最后一刻？真正的人生强者会选择后者，因为他们知道生命的真谛不在于最终的结果如何，而在于过程。

也许有些孩子会说："努力了未必有回报。"的确如此，命运就是会常常捉弄人，即使努力付出也未必能够得到自己想要的结果。然而，换一个角度来想，努力了未必有回报，而不努力则绝无可能得到回报。这就意味着，相对于成功的可能性，努力远远比不努力更好。在感到伤心绝望和身心俱疲的时候，不如用笑容面对吧！很多人对于情绪与行为之间的关系都存在误解，觉得是情绪影响人的行为。实际上，心理学家经过研究证实，人的行为也会反过来影响情绪。当一个人绽放笑脸的时候，他的心情也会好起来。从这个角度而言，假装高兴，也能够真正地调动情绪，让自己真的高兴起来。

微笑是人最美丽的妆容，当一个人以微笑来装饰自己，他不但能够从微笑中汲取力量，也可以通过微笑把力量传递给其他人。微笑就像是一剂灵丹妙药，能够救人于水火之中，帮助人们修复内心的伤口，化解心灵的伤痛。在人生的各种灾难之中，微笑着的人总是能够拥有更强大的力量，也能够鼓起勇气面对一切坎坷挫折和风雨泥泞。记住，人生中没有过不去的坎，也没有绝对的逆境。曾经有一位记者采访一位百岁老人，问这位经历过战火与硝烟，历经千辛万苦才来到新时代的老人，对于人生有怎样的感悟。老人笑着说了一个字——熬。乍听起来，这样的回答似乎有些敷衍，也让那些憧憬华丽人生感悟的人感到失望。而实际上，人生的真谛的确就是熬。只有熬过人生的艰难坎坷，在任何逆境中都咬紧牙关不放弃，只有微笑着面对人生中的一切，始终以快乐的心境呈现出含泪的微笑，才能真正熬过人生中艰难的时刻，才能走过整整一个世纪，却对人生如此淡然从容。

每一个孩子都要学会承担命运带来的一切，因为没有人能够改变命运，既然如此，不如调整好自己的心态，从容地迎接命运，坦然地面对命运。即使面对再大的伤害，只要心中有希望，只要始终以微笑面对一切，就能够最大限度地激发生命的力量，从而给予人生无限的可能性。

只与自己比较,能让你免除烦恼

一直以来,小丽都觉得自己的内心沉甸甸的,似乎压着块巨石,让自己喘不过气来。实际上,小丽并不是不优秀,相反,她非常优秀,学习成绩在班级里名列前茅,不但有丰富的兴趣爱好,而且擅长唱歌跳舞和绘画。然而,小丽唯独对于自己的一点不满意,那就是虽然学习成绩很好,但是总是比不过楼下的邻居,爸爸妈妈同事家的孩子小雅。小雅自从升入初中,就是班级里雷打不动的第一名。对于小雅的表现,小丽从羡慕到嫉妒,现在甚至产生了些许恨意。她想不明白无论自己如何努力,都会被小雅比下去,也想不明白为何自己这么优秀,却总是要成为小雅的陪衬。

小丽越来越不快乐,陷入了被动的状态之中,学习成绩也有所下滑。妈妈不知道小丽发生了什么事情,误以为小丽早恋了。后来,在妈妈的引导下,小丽才说出心中的苦恼,妈妈安慰小丽:"乖女儿,你已经非常优秀了。你只要与自己比,不要与别人比。你想,你的学习成绩从小学到现在都出类拔萃。最重要的是,你在紧张忙碌的学习之余,还兼顾发展兴趣爱好,其实你的付出和努力,爸爸妈妈都看在眼里,也始终以你为骄傲呢!"小丽郁闷地说:"但是小雅的成绩每次都比我高几分。"妈妈说:"当然,你想要赶超小雅的意识是很好的,毕竟竞争无处不在。不过,你只要努力、尽力就好,没有必要因为自己不能超过小雅,就觉得苦闷。你既要看到小雅的长处，也要看到自己的长处，这样才能愉快地享受自己的人生。赶超小雅并非人生的唯一目标，应该看到更加丰富多彩的世界啊。"在妈妈的劝说下，小丽终于解开了心结，再也不觉得自己不如小雅，也不为此而郁郁寡欢了。

在这个事例中，综合实力远远超过小雅的小丽，之所以总是闷闷不乐，就是因为她总是拿考试分数与小雅比。实际上，对于多才多艺的小丽而言，能够实现均衡发展已经非常厉害了，根本没有必要盲目地和小雅比。

每个人都有自己的优点和缺点，我们既不能拿自己的优点和他人的缺点比而盲目自信，也不能拿自己的缺点和他人的优点比而盲目自卑。只与自己比较，才能找回内心的平衡，才能真正做到内心的淡然平静。归根结底，人不是为了比较而存在，每个人都有自己存在的意义，也有人生的目标，只有放下比较，更加坦然从容地面对人生，才能真正活出自我，也拥有属于自己的成功。

在人生的舞台上，最重要的就是扮演好自己的角色。也许我们没有显赫的家世，也没有独特的才华，但是我们有一颗坚定不移的心。一个人如果连自己都不能接受和善待，又如何敞开心扉和怀抱拥抱这个世界呢？现实生活中，很多孩子对于自己不满，有的孩子嫌弃自己长得不够高，有的孩子觉得自己的皮肤不够白，还有的孩子怪自己的家境不富裕。当一个人对于人生始终怀着抱怨的态度，那他只会越来越被动，完全陷入怪圈之中无法自拔。对于任何人的人生而言，最重要的在于要接纳自己，悦纳自己，认可自己，欣赏自己。与此同时，还要怀着宽容的心接纳他人，肯定和欣赏他人。在这个世界上，每个人都是独一无二的生命个体，彼此独立。当然，人与人的能力和水平也参差不齐。在这种情况下，我们唯一要做的就是成就最真实美好的自己，而无须把自己与他人比较，更无须因为比较而让自己的内心失去平静,陷入不安之中。

　　想清楚这一点,孩子们才能摆脱自卑,才能在生命的历程中扬起自信的风帆,怀着充足的信心和莫大的勇气,在人生之中远航。

幽默，让他人和自己都享受快乐

艾森豪威尔毕业于西点军校，是个十分优秀的军人。虽然他看起来很严肃，总是不苟言笑。但是，熟悉他的人都知道，他实际上是一个非常幽默风趣的人，也总是能够在工作中营造生动愉快的氛围，给身边的人带来快乐。

1944年，艾森豪威尔负责欧洲战区，当时的美国总统是罗斯福，英国首相是丘吉尔。艾森豪威尔的主要工作就是在罗斯福和丘吉尔两个人之中不停地周旋。最终，艾森豪威尔取得了欧洲战场的胜利，成为英雄。开完庆功会，相关的人员都聚集在一起讨论统帅，如何才能带领全体将士在战场上获得胜利。对此，最有发言权的艾森豪威尔什么也没有说，而是拿出一根绳子放在桌子上。他先是推动绳子的一端，结果绳子纹丝不动，接下来，他又拉住绳子的一端，这一次绳子轻轻松松就动了。这时，艾森豪威尔才向大家解释："统帅要想带动全体将士，就要用拉的方法对待他们，先以身示范，给将士们作出表率，凡事都起到带头作用，亲力亲为，而不要总是躲在后面推，否则就不会起到任何作用。"在这番形象而又幽默风趣的描述之下，大家全都明白了艾森豪威尔的意思。

艾森豪威尔不仅幽默风趣，而且非常机智，即使在突发情况下，也能以自嘲为自己解围。有一次，他在结束演讲后准备下台，没想到因为脚底一滑，狠狠地摔倒在地。台下的听众们全都哈哈大笑起来，随从赶紧走上前去扶起他，并且关切地询问他："将军，你还好吗？"艾森豪威尔说："当然。我很好，因为我发现就算我磨破嘴皮子，也没有像这样实实在在地摔一下，更能够让大家士气高涨。"话音刚落，听众们全都停止了笑声，转而全体起立，满怀敬意地给艾森豪威尔鼓起了热烈的掌声。

幽默的人不但自己很快乐，最重要的是，也能够给身边的人带来快乐。就像艾森豪威尔一样，利用幽默把一个深刻的问题，深入浅出、生动形象地阐释清楚；也能够利用自己的机智，进行适度的自嘲，给身处困境的自己解围。

现实生活中，每个人都有很多复杂的情绪，如果内心中充满了负面的情绪，则会陷入被动，不但自己郁郁寡欢，连身边的人也都会提不起精神来。相反，如果人们能够调整好自己的情绪，让幽默占据心灵，负面情绪就无处遁形，只能被幽默的积极情绪中和，或者被驱赶于无形。对于孩子而言，更要拥有一颗幽默乐观的心。孩子处于无忧无虑的童年阶段，理应享受纯粹的快乐。如果孩子心事太重，小小年纪就陷入忧愁和焦虑之中，随着不断地成长，他们就会更加远离快乐。只有从小养成乐观幽默的好心态，孩子们才能一生都与幸福快乐相伴。

幽默不是低俗的玩笑，也不是不讲原则的油腔滑调，更不是故意讽刺和挖苦他人，把自己的快乐建立在别人的痛苦之上。幽默是智慧和灵活机智的表现。当然，要想具备幽默的品质，孩子们也需要有意识地培养自己，在日常生活中多多积累和锻炼。例如，想要幽默的孩子应该多读书，所谓腹有诗书气自华，多读书的孩子还能够拥有更多的素材，增强自己的思维能力，从而在必要的时候幽默一下，给人际交往带来更多乐趣。此外，在很多尴尬的情况下，孩子们不要一味地回顾难堪，而要积极地思考，这样才能帮助自己打开思路。也许在第一次遭遇尴尬的时候，孩子们无法及时作出反应。但是经过思考之后，当第二次遭遇相似的情况，孩子们就一定能够及时做出反应，从而及时地表现幽默，也最大限度地给自己加分。一个善于幽默的人还应该有宽容的内心，对于他人无意或者有意的伤害，能够最大限度地宽容对待，也以幽默化解现场的尴尬，让自己和他人都变得从容。总而言之，幽默既是难能可贵的品质，也是智慧的最高表现形式，还是人际关系的润滑剂，让人与人之间的关系更加融洽，也始终保持和谐友善。

积极乐观，成长路上就会洒满阳光

2018年3月14日，伟大的科学家霍金去世了，霍金的去世让整个世界都为之惋惜哀叹。霍金是一个重度残疾者，他在21岁的时候患上了严重的肌萎缩性侧索硬化症，患有此症的人，生命随时可能结束，而且当时根本没有药物可以治愈。得到这个消息，霍金和家人都如同遭遇晴天霹雳，要知道霍金才21岁啊，正是人生中最好的青春年华。医生诊断，如果情况乐观，霍金还可以活两年。对于这样的消息，家人简直痛不欲生，但霍金心态乐观，当即决定要快乐充实地度过人生中最后的两年时间。

也许是因为霍金的乐观、积极和努力感动了命运，在霍金醉心于科学研究的过程中，他居然打破了命运的魔咒，一年又一年地活了下来。他的生命力非常顽强，很多医生都对此感到万分惊讶。有一次，霍金去参加学术报告，等到霍金做完报告之后，在自由提问的时间里，一名记者以很同情的语调问霍金："霍金先生，您已经在轮椅上度过了20年的时间，未来的人生中，您依然要依赖着轮椅生活，对此，您是否感觉命运不公，是否憎恶命运的安排呢？您是否觉得自己的一生太不值得呢？"这位记者的提问太犀利，整个会场都陷入了一片沉寂之中。大家都知道，这一定是霍金心中的隐痛，他们都不确定霍金将会如何回答这个问题。

就在大家都纷纷担心的时候，霍金的脸上浮现出笑容。霍金用唯一一个可以活动的手指在键盘上敲击出答案："我的大脑还能转动，我还有一个手指可以表达我的思想，我一生之中都在为了实现梦想而努力，我还拥有爱我的家人和朋友，我也爱他们，这对于我的人生而言已经足够，因为我有一颗感恩的心……"看到这番话语，在场的人全都热泪盈眶，被霍金感动了，毫不犹豫给予霍金热烈的掌声，掌声经久不息。

霍金虽然已经离开了这个世界，但是他永远活在人们的心里，他也是科学历史上璀璨的明珠，照亮了无数后来者的路。

感恩生命还在延续，所以我们还能看见鸟语花香，还能感受心脏的跳动，还能让思维发声，还能与最爱的人彼此凝视。拥有一颗感恩的心，我们就不会埋怨命运赐予我们的太少，也不会因此对命运怨声连连，而是能够真诚地感谢命运，以坦然的心面对自己的一生。与其浪费宝贵的时间和精力去抱怨，不如最大限度激发出自己的潜能，让人生充满奋发向上的力量。

一个人唯有保持内心的乐观和积极向上的态度，才能拥有幸福美好的人生。否则，总是在人生中悲观失望，则很容易陷入生命的困境之中，甚至根本无法成功地改变命运。尤其是孩子，一定要从小养成积极乐观的好心态，才能勇敢面对人生的逆境，突破人生的困境，超越和成就自我。

积极的人就像是太阳，总是能给自己的世界带来光明，也能给身边的人带来明媚的心情。消极的人总是自哀自怨，不但自己的内心充满消极的负能量，而且会使身边的氛围变得低沉。不得不说，这样的人生是很悲观的，也会让好运气消失得无影无踪。当孩子从小养成积极乐观的好习惯，不管在人生中遭遇怎样的困境，都能够坦然面对，那么人生就会是积极向上的。人生的态度会影响孩子们的一生，孩子们要积极主动，形成良好的人生态度，让人生有更好的状态，这样才能奠定孩子一生幸福的基础。

人生从来都不是一帆风顺的，就像天气不可能永远晴朗一样。在人生之中，每个人都会感受到幸福快乐，也会面临很多困境。每个人都不要奢求人生静好，没有愁苦。人人都会遭遇人生的磨难，在遇到坎坷挫折的时候，一味地抱怨并不能解决问题，而是应该笑着度过人生的每一天，让人生的道路的经历更加丰富。

　　《愚公移山》的故事告诉我们，即使面对再大的困境，只要能够坚持不懈地去努力，最终都会战胜困难。《精卫填海》的故事，也向我们传达了"人定胜天"的思想。这一切都告诉我们，每个人都是命运的主宰，都能成为生命的主人。生命是不可重来的，每个人都只有一次机会。如果因为怯懦而错过改变命运的最好时机，人生就会陷入更大的被动状态中。所以，哪怕是孩子，也要对于人生怀着热情和激情，这样才能在人生之中有所成就，创造美好和充实的人生。

控制欲望，学会享受简单的快乐

很久以前，国王有位厨师。这位厨师每天都很快乐，不管给国王准备饮食多么忙碌，他都口中哼着歌，脸上带着笑。渐渐地，连国王都开始妒忌这位厨师，因为国王日理万机，常常为各种事情烦恼，所以他想不通厨师为何这么快乐。终于有一天，国王忍不住问厨师："你为何这么快乐呢？"厨师想了想，反问国王："我为什么不快乐呢？"国王回答不出来这个问题，不知道厨师有什么理由不快乐。国王依然问："难道你就没有一点儿烦恼吗？"厨师笑起来，说："我有工作，您很喜欢吃我做的菜，我家里的妻儿老小也都有饭吃，这样一来，我还有什么不满足的呢？"

后来，国王和一个智者讨论起关于快乐的问题，也询问智者是否知道厨师为何那么快乐。智者说："我虽然不知道厨师为何这么快乐，但是我知道如何让他不快乐。"国王突然产生了强烈的好奇，想要看一看厨师不快乐的样子。因而，他按照智者所说的，命人把一袋子金币扔在厨师下班必经的路上。果然，厨师捡到了一袋金币，他欣喜若狂，回到家里认真仔细地把金币数了好几遍，最终确定袋子里只有99枚金币。厨师很苦恼，因为他想拥有100枚金币，为此，他辗转反侧，几乎一夜都没有睡觉，思考自己如何才能得到那缺失的1枚金币，从而把99枚金币变成100枚。

第二天，国王认真观察厨师，发现厨师果然愁眉苦脸。国王问厨师：

"你怎么了？"厨师把自己的遭遇讲了一遍，又向国王表达了他想再得到1枚金币，从而拥有100枚金币的心愿。国王很慷慨地赏赐给厨师1枚金币，然而，厨师依然不快乐。国王问厨师："你为什么还不快乐？"厨师懊恼地说："我虽然拥有了100枚金币，但是我觉得我们的家太破旧了，还想买一套新房子。然而，一套新房子要花去几十个金币，这样一来，我的金币就远远不够100枚了。"国王看着厨师愁眉苦脸的样子，不由得暗自惊讶。后来，国王问智者："厨师平白无故得到99枚金币，应该觉得开心才对啊，为何反而郁郁寡欢呢？"智者说："一个一无所有的人不会奢望自己拥有100枚金币，厨师正是在拥有99枚金币之后，才会感到懊恼，希望自己拥有100枚金币。一个一无所有的人不会产生过多的欲望，厨师正是在有了金币之后才想购置新居，但是这样一来，他就会花掉很多金币，当然会觉得难过。随着拥有的越多，人的欲望就会越强，距离快乐也就越遥远。相反，只有清心寡欲，对生活无欲无求的人，才能感恩自己现在拥有的一切，也发自内心感受到幸福和快乐。"智者的话让国王茅塞顿开也明白了如何才能获得快乐。

在这个事例中，原本一无所有的厨师对于生活的要求很低，只要能够保障全家人衣食无忧就好。正是无意中捡到的这袋金币，让厨师陷入了欲望的旋涡之中无法自拔。他先是想得到1枚金币，从而让自己拥有100枚金币，后来又想购买一幢房子，却不想失去这100枚金币中的任何一枚。正是欲望的增加，使他离简单纯粹的快乐越来越远，变得心力交瘁。

适度的欲望能激励人们不断地努力，改变命运，而过度的欲望则只会让人陷入深渊之中无法自拔，使人感到心力交瘁，甚至被欲望驱使着远离人生的幸福快乐。每个人在人生之中都一定要努力控制好欲望，这样才能在生命的历程中不断崛起，也真正把握人生主宰命运。

正如有一位名人所说："这个世界上并不缺少美，缺少的只是发现美的眼睛。"的确如此，如果人人都善于发现美，也用心地感受美，相信整个世界都会因此而变得更加美好，也值得人们去用心地对待。我们也要把这个道理教给孩子，这个世界上也并不缺少快乐，只是因为过于贪婪，所以才会被各种欲望诱惑，陷入欲望的无底深渊，才会在不能满足的欲望中感受到深刻的、无法控制的痛苦。其实，人活着并不需要太多的物质作为支撑。人之所以陷入攀比，被欲望奴役，只是因为他们太爱比较，也爱慕虚荣，所以才会导致人生陷入无边的黑暗中，无法自拔。

孩子应当明白，要想拥有快乐，就要清空自己的心灵。因此，不要总是一味地沉浸在欲望之中无法自拔，也不要总是对欲望妥协。只有减少欲望，才能清心寡欲，才能让自己获得更多的幸福快乐。否则，如果长期在欲望中沉沦下去，也完全忘记了自己最初的梦想，人们就会远离快乐。快乐与欲望是成反比的，索求得越少，快乐就越多。相反，索求得越多，快乐就越少。总之，我们要学会降低欲望，才能最大限度收获快乐。

第 10 章

诚实守信：
诚实是立世之根基

一个人要想立足于世，就必须信守承诺，把诚实作为立世的根基。当诚信成为一种习惯，每个人都会受益匪浅，也会真正让自己屹立于世。否则，失去诚信，一个人就会如同扎根不稳的大树，在社会上处境艰难。尤其是孩子，更要从小培养自己诚实守信的品质，才能健康茁壮地成长，成为对社会有用的人，积极地创造人生的价值。

不诚信，无足以立于世

季布是秦朝末年出了名的大好人，他为人热诚，尤其喜欢帮助别人。最重要的是，他信守诺言，对于自己答应别人的事情，哪怕再难，也会努力做到，兑现诺言，成语"一诺千金"就是说的季布的故事。为此，很多人都对季布甚是称赞，非常敬仰。

后来，季布追随项羽，和刘邦作战。在季布的出谋划策之下，项羽多次战胜了刘邦。然而，因为项羽刚愎自用，生性多疑，最终还是败给了刘邦。刘邦登上皇位之后，对于季布怀恨在心，还发布了通缉令，四处缉拿季布。得知季布被刘邦全城通缉，很多曾经受过季布恩惠的人，都暗中帮助季布，想方设法帮助季布躲避刘邦的追杀。后来，季布乔装打扮，来到一户人家里做帮佣。这家人明明知道季布是刘邦的通缉犯，还是收留了季布，并且想尽办法帮助他。这户人家的朋友夏侯婴就在洛阳，也与刘邦能说得上话，为此他们就拜托夏侯婴劝说刘邦不要通缉季布。在夏侯婴的鼎力劝说下，刘邦取消了对季布的通缉令，后来还封季布当河东太守。

季布为何拥有这样的好运气，处处能得到人们的帮助呢？究其原因，就在于季布信守诺言，在自己平安无事的时候，他总是拼尽全力地帮助他人，从来不吝啬付出。正是因为季布言而有信，所以才能得到朋友的热心帮助，才能得到人们的敬重。

所谓得道多助，失道寡助。每个人在生活中都要信守承诺，才能得到更多的帮助，才能够得到真正的友谊，和大多数人真心相待。反之，假如一个人在与人相处的时候总是抱着想占便宜的心理，为了眼前的蝇头小利就置朋友于不顾，在这种情况下，很容易失信于人，在他人的心目中失去威信。每个人要想立足于世，都离不开朋友的帮助，需要朋友的鼎力相助。既然如此，为了小小的利益而对朋友食言，失去朋友的尊重和信任，完全就是得不偿失的行为。

看到这里，也许有些孩子会感到困惑：什么叫作失信于人呢？如果一个人能力不足，在答应别人某件事情之后，又无法做到，也是失信于人吗？一个人如果自知能力不足，却还是轻易地答应别人的请求，那么这种情况下就是失信。人贵有自知之明，一个人要想真正帮助他人，就要对于自己的能力有客观中肯的认识，这样才不至于因为对自身认识不足而耽误他人，才能够在力所能及的范围内做出允诺，有效地增强和提升自己的能力和水平，帮助自己不断地成长，坚持进步。

要想有效增强自己的能力，最重要的是谨言慎行。很多孩子都会情绪激动，也很容易冲动，在这种情况下，他们总是时不时就产生要许诺的想法，也因为一时兴起，根本不去思考自己是否真的能够兑现承诺。等到事后冷静下来，他们才发现自己能力不足，根本无法兑现承诺，而面对别人的殷切期望，局面就会变得很尴尬。要想以诚信立足于世，让自己真正做到一诺千金，孩子们在把话说出去之前，就要认真地想一想，知道说出去的话如同泼出去的水一样，是无法回收的，自然也就不会轻易地许诺，更不会对自己的诺言不负责任。

一个信守诺言的人，只说一句话，就能得到他人的信任，和他人全力以赴的帮助。而像《狼来了》故事中的小孩那样，如果总是满口谎言，而且总是把自己说出去的话完全抛之脑后，他就会渐渐地失去诚信，哪怕之后他非常认真慎重地说话，作出承诺，也没有人愿意继续相信他。从这个角度而言，诚信不但是做人的品质，而且是能力的象征。一个人唯有自尊自重，以诚信立足于人世，才能得到他人的尊重和认可，才能拥有尊严和安全感。

孩子们，不管是对亲人，还是朋友、同学，或者是对陌生人，都不要轻易许诺，而是要量力而行。一个人唯有努力地兑现自己的诺言，才能让自己说话有分量。否则轻易地许诺，又把自己的诺言完全抛之脑后，不愿意兑现诺言，只会导致说出去的话轻飘飘的，完全没有人愿意相信。树立诚信是很难的，而一旦失去诚信，再想重建诚信，则会难上加难。

诚信价值无限，能为人赢得好运

战国时期，齐、楚、燕、韩、赵、魏、秦七个国家实力都很强，被称为"战国七雄"。当时，齐威王是七国的霸主，秦国实力相对较弱。秦孝公登上王位之后，广罗天下人才，只要有才之士去到秦国，都能得以重用。卫国的卫鞅对于治理国家有真知灼见，为此当即去拜访秦孝公，为秦孝公出谋献策。秦孝公觉得卫鞅的话很有道理，但是卫鞅的变革思想触犯了当时很多贵族的利益，遭到了贵族大臣的强烈反对。直到两年多之后，秦孝公坐稳皇位了，才任命卫鞅担任左庶长，负责制度的改革和建立。

卫鞅终于找到了施展才华的机会，他在公元前359年起草了一道改革法令。在得到秦孝公的首肯之后，卫鞅为了让变革收到良好的效果，决定先在老百姓之中树立威信。卫鞅让人在城南门竖起一根长长的木头，然后张贴告示昭告老百姓："只要有人能把木头扛到北门，就赏十金。"虽然木头很长，也很沉重，但是要扛起木头去北门，并不是一件很难的事情。因而，大家都不相信把木头扛到北门，真的能获得赏金，虽然看热闹的人很多，真正扛起木头的人却没有。看到这种情况，卫鞅追加命令，把赏金增加到了五十金。所谓重赏之下必有勇夫，有个男人看到赏金这么多，自告奋勇扛起木头，说："不管是真是假，我都要试一试，即使没有赏金，也不过就是花了些力气而已。"出乎所有人的预料，等到这个男人真的把木头扛到城北门的时候，卫鞅居然命令随从当即捧来五十金，赏赐给那个男人。这件事情当即传遍了大街小巷，老百姓这才知道卫鞅代表朝廷，是说话算话的。

随后，卫鞅凭借着百姓对他的信服，当即颁布了新的法令。虽然新的法令触犯了贵族的利益，但是卫鞅坚决执行，惩治了很多不合理的现象。在这种情况下，变法推行得很顺利，赢得了老百姓的一致拥护。

如果不是立木取信，在老百姓之间树立了威信，卫鞅的新法推行一定会面临更多的困难。正是因为卫鞅以立木取信的方式赢得了老百姓的信任，表明了他推行新法的决心，秦国才会在新法之下获得新生。

一个人讲究诚信，不但可以在他人心目中树立威信，而且能够让自己做人做事更有底气，不会感到心虚。尤其是孩子，当他拥有了诚信的品质，也意识到了诚信的价值，就会更好地成长。在人的诸多优秀品质之中，诚信更是重中之重，一个人唯有以诚信立足于世，才能证明自己的品质，展现自己的实力，得到好运的青睐。

古往今来，很多成功的人之所以能够获得成功，并非因为他们独具天赋，也不是因为他们拥有有力的支持，而是因为他们讲究诚信，拥有立足人世的根本。对于所有人而言，优秀的品质有很多，而诚信则是诸多品质的基础，也位于诸多优秀品质之首。现代社会中，很多人都一味地为了自己的利益而追逐忙碌，但是实际上，一个人如果不能以诚信立足，就不可能有好的发展前景，更不可能有充实的人生。新时代的孩子，要适应现代社会的需要，要让自己的发展更加顺利，就一定要努力调整好心态，在任何情况下都保持诚信的品质，坚定不移地坚持做人的原则，才能真正获得成功，创造璀璨辉煌的人生。孩子们正处于形成价值、观念和品质的关键时期，如果不能做到诚信待人，就会导致在他人心目中的形象一落千丈，严重影响人际关系的发展。所以孩子虽然还小，但也要以诚信作为自己立足人世的根本，从而给予人生更大的发展空间，也让人生拥有更多成功的可能性。

诚实的孩子才是真正的好孩子

诚实是非常优秀的品质,如果孩子总是撒谎,因为撒谎而生的羞耻感就会逐渐消失,孩子甚至会更加热衷于撒谎,而完全不觉得耻辱。在这种情况下,孩子的品质就会更加恶劣,也会因此陷入成长的困境,无法健康快乐地成长。

孩子处于形成各种观念、意志和品质的关键时期,因而养成诚实守信的优秀品质,对于孩子而言非常重要。孩子的成长是一个漫长的过程,必须在各个方面都努力提升自己,才能培养自己的优秀品质,让自己像一棵扎根深稳的大树一样,能够傲然屹立。只有诚实的人,才能肩负起人生的重任,才能在人生的道路上不断前进,茁壮成长。否则,如果根基原本就歪了,那么对于孩子而言,又如何能够更好地发展和成就自己呢?

一位伟人曾经说过:"人在独处的时候,更能够彰显他优秀的品质。"的确,在与他人相处的时候,一个人会受到各种各样的约束,也会为了维护自己的形象,刻意地表现更好。然而,在自己独处的时候,人的本性就会表现出来,也会变得更加自由和随性。所以,孩子要有诚实的品质,不仅要在他人面前表现出诚实,更要在独处的时候也依然坚持诚实的原则,这样才能最大限度巩固自己的优秀品质,才能更好地立足于社会。

诚实是人一生之中最重要的资本。人生而平等,不管孩子是出生在富裕的家庭中，还是出生在贫穷的家庭中，他们的人格都是平等的，优秀的品质都会为他们增光添彩。从这个角度而言，每个孩子都要努力提升自己的品质，铸就自己的诚信，这样才能更好地立足于世，也在人际相处中赢得他人的认可和肯定，为自己赚取好口碑。

诚信待人，才能获得他人的支持

小杜平时很喜欢写文章，渐渐地写了很多散文，就想把散文编成书籍出版。在向几家出版社投稿之后，小杜一直等着接到出版社的电话，却始终没有结果。眼看着就要六一儿童节了，小杜答应女儿，要陪女儿一起去游乐场玩耍。

儿童节当天上午10点，小杜和女儿正在游乐场里玩，突然接到了出版社的电话。原来，一家规模比较大的出版社看中了小杜的选题，想与小杜合作完成散文集的出版。出版社的负责人邀请小杜当天下午去出版社面谈，小杜说："很抱歉，我很愿意与贵社合作，不过今天是儿童节，几天前我就答应女儿要陪她在游乐场玩，我可以明天拜访贵社吗？"负责人听到小杜的话，寒暄几句就挂断了电话。没过多久，社长也打来电话，邀请小杜面谈。小杜依然不为所动，虽然懂事的女儿告诉小杜："爸爸，我已经玩好了，您去忙工作吧！"小杜却说："没关系，爸爸答应陪你过六一，就一定会陪你。工作的事情尽管重要，却没有我对女儿的承诺重要。"就在说话的时候，小杜与社长的电话还没有挂断，社长听到小杜的话，觉得非常感动，答应了次日在社里面谈的请求。

次日，社长一见到小杜，就夸赞小杜是个信守承诺的好爸爸，还问小杜在教养孩子的过程中有没有心得和体会，很愿意和小杜合作。

小杜兑现对女儿的诺言，不但赢得了女儿的真心爱戴，也赢得了社长的尊重和认可。由此可见，不管与任何人相处，我们都要有诚信，诚信是人际关系的黏合剂，能够让人与人之间的关系更加亲密无间。在诚信的人际互动中，人与人之间的感情才会变得更加深厚。人是感情动物，人与人之间彼此付出，真心相待，人际关系自然会朝着好的方向发展。

现代社会，人际关系被提升到了前所未有的高度，很多人都意识到要想获得成功，除了要天时地利之外，人和也是必不可少的关键因素。人际资源更是被视为一个人最重要的资源，成为人们获得成功必不可少的条件。在人际关系的建立和维护之中，诚信也起到了非常重要的作用。唯有诚信的人，才能兑现自己的诺言，才能在与他人的交往中建立良好人际关系。否则，一个人如果总是对人不真诚，从来不遵守自己的承诺，必然会遭到很多人的唾弃，甚至导致人际关系恶劣。由此可见，现代社会要想拥有好人缘，要想得到大多数人的认可和肯定，就一定要讲究诚信。

很多孩子认为自己还小，就总是对自己放松要求。殊不知，年纪并不是诚信的决定因素，孩子从懂事之时开始，就应该成为一个诚信的人。民间有句俗话，叫作"三岁看老"，虽然孩子还小，父母也要注重培养孩子诚信的品质。等到孩子渐渐长大，拥有独立自主的意识，就更应该积极主动，以诚信待人，也以诚信立世。

真诚是结交朋友的基础

很多人都喜欢去沃尔玛零售超市购物，不但是因为超市里的商品种类齐全，品质很好，也是因为超市里的产品物美价廉，售后服务有保障。沃尔顿是沃尔玛超市的最高领导者，他身价不菲，也因为在事业上获得的伟大成功，成为很多年轻人争相学习的榜样。然而，很多人都不知道的是，沃尔顿年轻的时候家境贫寒，他之所以能够拥有如今的成就和身家，完全是靠着他的待人真诚，才能在商海之中走出一条属于自己的成功之路。

沃尔顿的父亲是一个很普通的油漆工，只能赚取微薄的薪水，勉强维持一家人的生计。正所谓穷人的孩子早当家，沃尔顿从小就很心疼父亲，想要为父亲分担养家糊口的重任。然而，他也很清楚，自己必须改变，才能打破现状，为此他非常勤奋努力地学习，并考上了耶鲁大学。为了支付昂贵的学费，沃尔顿利用放假的时间去给有钱人家刷漆。尽管有钱人家非常挑剔，但是给出的报酬很高。虽然沃尔顿才刚刚学习刷漆没几天，还是义无反顾接下了这个活儿。

为了获得雇主的满意，沃尔顿在工作上非常努力，简直一丝不苟。然而，正当整个浩大的工程已经进入尾声时，沃尔顿不小心撞翻了门板，砸在刚刚刷好的墙上，使墙面留下了很大的痕迹。为此，沃尔顿只好重新购买油漆，把被破坏的那面墙重新刷了一遍。然而，刚刚刷过的墙壁和此前刷过的墙壁有了色差，看起来很不协调。沃尔顿默默承受了这份损失，又买了好几桶油漆，把整个屋子的墙壁又刷了一遍。有钱人对于沃尔顿的工作非常满意，很痛快地就支付给沃尔顿报酬。然而，沃尔顿愁眉不展，因为他多刷了一遍墙，买油漆就几乎用去了所有的报酬，这样一来，他还是没有钱支付昂贵的学费。后来，主人知道了沃尔顿的事情，也感动于沃尔顿对待工作的认真负责，对待雇主的真诚友善，居然又支付了一笔钱给沃尔顿。正因如此，沃尔顿才顺利地支付了大学的学费。若干年后，他迎娶了雇主的女儿作为妻子，自己也进入了雇主开办的沃尔玛连锁超市工作。因为真诚认真，沃尔顿很快就成功地获得了晋升，成为沃尔玛零售超市的最高管理者。

如果沃尔顿在发现刚刚刷好的墙壁不小心被破坏之后，没有第一时间重新粉刷墙壁，而是尽力想办法掩饰，那么墙壁一定不够美观，沃尔顿也就无法得到雇主的肯定。虽然沃尔顿多付出了很多的时间、精力和金钱，但是他始终不曾后悔。雇主也被沃尔顿的真诚感动，所以才会主动提出多支付一些金钱，帮助沃尔顿渡过支付昂贵学费的难关。后来，雇主更是被沃尔顿的真诚感动，把自己的宝贝女儿嫁给沃尔顿做妻子，也把公司交给沃尔顿打理。由此可见，真诚是人际关系的黏合剂，当一个人真诚地对待他人，就能够得到他人同样真诚的对待，与他人之间的关系必然会更加亲切友善，感情也更加深厚。

因此，孩子一定要坚持真诚做人和处世的原则，这样才能给他人留下好印象，为自己打造良好的口碑。一个人可以没有高大魁梧的身材，可以没有美丽的容貌，但是一定要真诚，只有拥有这种优秀的品质，才能让自己在成长的道路上获得进步。

所谓的真诚，不但是指对待他人的态度要真诚，也是指在帮助他人的时候，要权衡自己的力量，衡量自己是否真的能够帮助他人。否则，如果不假思索就答应要帮助他人，最终却发现自己根本没有能力兑现承诺，这样就会失去他人的信任，也导致自己无法得到他人的真诚相待。古人云，言必信，行必果，每个人都要真诚地对待自己，也真诚地对待他人，才能处理好人际关系，让自己真正成功地赢得他人的尊重和支持。

诚信不但是做人的根本，也是人际交往的基础。不管多么美丽的妆容，都无法代替诚信对于人的重要作用。有诚信作为底色，人生看起来才会更加色彩饱满，而不会单薄无力。孩子要想在人生的道路上走得更好，更长远，就要努力培养自己诚信的品质，从而变得出类拔萃，让未来变得更加璀璨辉煌。

好孩子一定要信守承诺

利比非常聪明，在事业上有着非常好的发展，最终成为公司的总裁。然而，随着金融危机的到来，利比陷入了困境，几乎无法渡过难关。无奈之下，他只好承诺手底下几个忠心耿耿的员工："如今是公司的非常时期，你们只要追随我，帮助我渡过难关，等到金融危机之后，我一定会给大家升职加薪。"有了利比的承诺，这几位员工虽然暂时没有拿到足够的薪水，也依然全心全意投入公司。半年之后，利比终于成功地渡过了难关。

这个时候，员工们都等着利比兑现诺言了。然而，利比迟迟没有动静，根本不想把自己对员工的承诺变成现实。终于有员工忍不住，找到利比，问："利比，如今危机已经过去了，你是不是该兑现承诺了？这半年多来，我们的家里都快揭不开锅了，但是都知道你难，因而从来没有和你提过什么要求。"利比惊讶地看着员工，说："我不是已经给你们涨了10%的薪水吗？"员工惊讶地看着利比："但是当初，你说不但要补足少发的薪水，还要给我们加薪至少30%。"利比被催促得急了，对员工说："不要这么挑三拣四，我在金融危机期间没有辞退你们，还照常给你们发一部分薪水就不错了，我也是在帮助你们渡过难关啊。"员工这才看清利比，全都对利比失望之极。后来，公司因为经营不善再次遇到危机，利比又想让员工们帮助他一起渡过难关，但是员工们全都选择了辞职，义无反顾地离开了他。他们对利比说："你这种不懂得真诚待人的人，根本不配得到我们全心全意的支持和帮助。"就这样，公司陷入困境，在这个时候，妻子也提出离婚，因为她对于缺乏诚信的利比也毫无信心了。

一个人不管是想把事业做好，还是想把生活经营好，都要拥有真诚的品质，做到真诚待人。一个人如果太虚伪，总是以虚情假意对待他人，也许能欺骗得了他人一时，却不能欺骗他人一世。每个人都不能自以为聪明，不要觉得别人就是好骗的。只有真诚待人，才能让人与人的交往更加长久，感情更加深厚。

当知道自己无法兑现诺言的时候，宁可不许下诺言，也不要把自己陷入不仁不义的境地。一旦给人留下不守诺言的恶劣印象，就会被人认定为不能遵守诺言，不讲诚信，也对不起他人的信任。在这种情况下，我们还如何立足，又如何能够更好地与人相处呢？每个孩子都不应因为冲动而轻易许下诺言，而要知道诺言价值千金，也要知道信守承诺的重要性。

人们都听过《狼来了》的故事，人与人之间的相互理解和信任有时很坚强，有时也非常脆弱。与其等待失去了他人的信任而追悔莫及，不如时刻珍惜维护与他人之间的关系，并获得他人的尊重和信赖。诚信，不但是一个人的立身之本，也是一个国家的立业之本，还是人类的发展之本。如果没有诚信，一个人说出来的话就会变得轻飘飘。一个人若是缺乏诚信作为脊梁，就会变得软塌塌。

有的人为了赚取更多的利益，为了追求金钱和权势，绞尽脑汁地向上攀爬，并且不择手段地达到自己的目的。他们被欲望征服，无法坚持自己的心和做人的原则。古人云："人无信不立。"如果一个人没有诚信的品质，却总是想要收获幸福圆满的人生，这是根本不可能的。在浩瀚无边的宇宙中，一个人就像是一粒沙子，是沧海一粟，所以人不应该把自己看得太重，这样才能摒弃欲望和不切实际的幻想，让自己在人生的道路上继续勇往直前。生命最重要的不是有怎样的结果，而是在于过程。

每个孩子对于人生都充满了渴望和憧憬，在这种情况下，与其一味地沉浸在不切实际的幻想中不能自拔，不如调整好心态，明确人生的目标，这样才能向着既定的人生目标勇往直前，才能始终坚持生命的原则，绝不轻易退缩和妥协。

参考文献

[1] 路畅.杰出孩子要养成的人性优点[M].北京：中国纺织出版社，2019.

[2] 王楠.优秀男孩的习惯胜经[M].北京：中国电影出版社，2013.

[3] 汪传华.优秀孩子是怎样炼成的[M].武汉：湖北少儿出版社，2009.

[4] 陈玉霞.优秀孩子是怎样炼成的西方家教40条[M].沈阳：万卷出版公司，2006.